MEDITIERE ICH NOCH ODER SCHWEBE ICH SCHON?

TIMM KRUSE

TIMM KRUSE

MEDITIERE ICH NOCH ODER SCHWEBE ICH SCHON?

Ein Wegweiser durch die abenteuerliche Welt der Meditation

BOOKS

Inhaltsverzeichnis

Für Gabi und den Rest der Sippe

Einleitung

»Was wollt ihr mit dieser Erleuchtung? Seid doch einfach, wie ihr seid. Erleuchteter geht's nicht.«
Ramesh Balsekar, indischer Mystiker

Ich habe alles ausprobiert: Yoga, Gurus, Schweigen, Umarmen, Klöster, Tanzen, Nicht-Denken, Hypnose, Schreien, Heulen, Achtsamkeit. Ich fastete sogar für vierzig Tage. Ich probierte alle möglichen Religionen, versuchte es mit Astrologie, Dehypnotherapie und bewusstseinserweiternden Drogen, las Regale voll spiritueller Bücher und tobte mich an Tai Chi, Stillsitzen, Zeitlupen-Bewegung, Gebeten, Singen, Trommeln, Lachen, Auf-einem-Bein-Stehen, Gebären und Männer-Initiation aus. Ich lebte sogar eine Zeitlang wie Buddha.

Ich steckte Unmengen an Zeit, Geld und Energie in meine spirituelle Entwicklung und kam in vielen Bereichen doch keinen Schritt weiter. Ich brüllte weiterhin meine Eltern an, war anderen gegenüber sarkastisch, litt unter deren Urteilen über mich und schämte mich für mich selbst. Es dauerte Jahre, bis ich herausfand, woran das lag.

Der Antrieb meiner Sinnsuche war nicht, den Mittelpunkt der Erde oder irgendwelche weltbewegenden Weisheiten zu finden, sondern den Kern des Menschen. Meinen Kern. Es war die Suche nach dem Abenteuer, die mich mein gewohntes Umfeld, meine Glaubenssätze und meine sozialen Netzwerke verlassen ließ, um mich auf die Suche nach mir selbst zu begeben.

Es ist nicht so, dass mir Meditation leicht fiele. Ich wurde auch nicht auf einer Yogamatte geboren und mit Weisheit gefüttert. Ich wuchs in einer ganz normalen Familie auf, die nichts mit Karma, Erleuchtung oder sonstigem Hokuspokus zu tun hatte. Bis heute finde ich einen großen Teil der spirituellen Welt affig. Ich gehöre auch nicht zu den Menschen, die fünfmal am Tag meditieren oder spirituelle Lebensweisheiten und kitschige Naturbilder auf Facebook posten.

Trotzdem gibt es ein paar Übungen und Erkenntnisse aus dieser transzendenten Welt, die für mich von immenser Bedeutung waren. Genau diese fruchtbringenden Formen der Meditation und Spiritualität will ich in diesem Buch beschreiben und das Sinnlose nach Möglichkeit weglassen.

Meine spirituellen Erfahrungen brachten mir manchmal berauschende Glücksmomente, Wunschlosigkeit, unbestechliche Klarheit und wunderbare Einsichten. Und mittendrin fand ich genau das, wonach ich – ohne es wirklich zu wissen – gesucht hatte: Ausgeglichenheit, Harmonie, Ruhe und Gelassenheit.

Leider hielt die Klarheit nie an, das Glück wurde von Langeweile gefressen und die Einsichten verpufften wie Räucherstäbchen im Sturm. Ein Grund dafür wird wohl gewesen sein, dass mir eine vernünftige Einweisung fehlte; eine strukturierte psychologisch-spirituelle Anleitung, die mir sagte, welche Meditation für mich Sinn macht, welche Schrittfolge die richtige ist. Erst durch jahrelange Trial-and-Error-Versuche lernte ich, das Wirrwarr des spirituellen Dschungels zu navigieren.

Diese Irrwege möchte ich Ihnen gern ersparen. Deswegen versuche ich, Ihnen mit diesem Buch den Leitfaden durch die abenteuerliche Welt der Meditation zu geben, der mir selbst fehlte.

Dieses Buch ist in fünf Hauptabschnitte gegliedert – fünf verschiedene Wege zur Spiritualität, die Sie in Ihrer eigenen Reihenfolge beschreiten können:

1. Der **mentale** Weg – spirituelle Entwicklung über den Kopf; zum Beispiel Schweigemeditation.
2. Der **körperliche** Weg – spirituelles Reifen über den Körper; zum Beispiel Yoga.
3. Der **schnelle** Weg – schnelle, aber oberflächliche Veränderungen, die nicht lange anhalten; zum Beispiel Hypnose.
4. Der **transformative** Weg – spirituelle Erfahrungen, die wir durch unsere Anpassungsfähigkeit machen; zum Beispiel in einer alternativen Gemeinschaft.
5. Der **natürliche** Weg – spirituelle Weisheit, die wir im Laufe des Lebens ansammeln; zum Beispiel durch Reisen.

Sie können die Kapitel chronologisch lesen oder frei nach Wahl springen. Das macht keinen Unterschied. Allerdings ist es für Ihren persönlichen Prozess später wichtig, dass Sie nicht zu einem »Seminar-Hopper« werden. Wenn Sie verschiedene Wege ausprobiert und die passende Meditation für sich gefunden haben, bleiben Sie dabei.

Die Struktur der fünf Wege dient der besseren Orientierung und Übersicht. Natürlich überschneiden sich die einzelnen Methoden. Es gibt keinen Königsweg und keine perfekte Reihenfolge. Idealerweise erkunden Sie im Laufe der Zeit alle fünf Wege. Und so werden Sie am Ende ganz natürlich Ihren ganz persönlichen Weg finden.

Das Eintauchen in die Welt der Meditation war für mich ein bisschen so, als würde ich zum ersten Mal Gitarre spielen. Ich stürzte mich darauf voller Begeisterung. Aber um die Gitarre richtig zu erlernen, brauche ich nicht nur Anfangseuphorie, sondern auch eine gewisse Disziplin und Beständigkeit. Ich muss Noten, Rhythmus und Griffe lernen. Ich muss verstehen wollen, wie die Gitarre funktioniert und was sie in mir auslöst.

Und wenn mich das Gitarren-Fieber einmal richtig gepackt hat, will ich nur noch Gitarre spielen – weil mich nichts anderes so glücklich macht. Ich würde eine Band gründen, meinen alten Job aufgeben, mit der Gitarre um die Welt reisen und irgendwann ein ziemlich guter Musiker werden. Und glücklich obendrein.

Legte ich die Gitarre allerdings für längere Zeit beiseite, müsste ich fast wieder von vorn anfangen. Das ist die Krux bei jedem Musikinstrument – und bei der Meditation erst recht. Erst ein wirklich geübter Gitarrenspieler kann sich eine längere Pause leisten und trotzdem sofort wieder losrocken.

Wer sich vollkommen der Meditation verschreibt, wird irgendwann – genau wie der Gitarrenspieler – sein Leben verändern, durch die Welt ziehen, sich mit anderen Meditierenden und Spirituellen zusammentun und plötzlich gar nicht mehr so leben, wie es seine Familie und Freunde von ihm erwarten. Dieser Prozess kann ziemlich schmerzhaft sein. Aber für viele ist das Glücksgefühl, ein eigenes, individuelles Leben jenseits gesellschaftlicher Erwartungen zu leben, ein erträglicher Preis für den Verlust der alten Welt.

Dieses Buch ist kein Selbsthilfebuch. Sie finden hier auch keine Rezepte, wie Sie zur Erleuchtung gelangen oder ins Nirvana kommen. Sie werden hier andere Dinge lesen als bei den berühmten Meistern. Das liegt daran, dass ich kein Meister bin.

Stattdessen werde ich in den nächsten Kapiteln die wichtigsten Meditationen aus meiner persönlichen Erfahrung beschreiben und genau erklären, wie sie funktionieren, was sie bringen und was Sie dafür tun müssen. Sie können dann entschieden, ob das etwas für Sie wäre oder nicht.

Ich möchte Ihnen mit diesem Buch Umwege, spirituelle Fallen, Geldverschwendung, die Scheinheiligkeit und das Gequatsche von Pseudo-Spirituellen ersparen – das sind nämlich die größten Fallen bei der persönlichen Entwicklung. Um das Instrument Spiritualität zu erlernen, müssen Sie sich weder in einen typischen Meditationsjünger verwandeln, noch zu allem »Namaste« sagen oder sich in bunte Togen schmeißen. Sie können einfach genau so sein, wie Sie sind.

Möglicherweise haben Sie schon Erfahrung in diesem Bereich gesammelt. Dann hilft Ihnen dieses Buch vielleicht, Ihre Spiritualität auszuweiten und sich selbst und anderen besser und sachlicher zu erklären, warum Sie sich dafür interessieren.

Außerdem könnten Sie dieses Buch jemandem schenken, der mit »so was« bisher nichts zu tun haben wollte – dem ein bisschen Meditation aber unendlich guttun würde. Vielleicht haben Sie ähnliche Erfahrungen gemacht wie ich – sobald Sie anfangen, von Ihren spirituellen Interessen und Lehrern zu sprechen, hört keiner aus Ihrem direkten Umfeld zu. Wenn die Information jedoch von einer fremden, zuverlässigen und bodenständigen Quelle kommt, hören sogar Eltern und Geschwister aufmerksam zu. Dieses Buch könnte eine solche Quelle sein und Ihnen die ewigen Rechtfertigungen dafür ersparen, warum Sie schon wieder meditieren, fasten, keinen Alkohol trinken, kein Fleisch essen oder nach Indien fahren.

Spiritualität ist für viele mit einem Stigma behaftet. Aber sind es nicht Fragen, die uns alle zutiefst betreffen? Wie sollen wir in unseren Leben mit überwältigender Freude und unerträglichem Leid klarkommen? Dürfen wir uns in extremen Situationen nicht nach Halt sehnen, einem heiligen Ort oder einem Ritual?

Nach Halt habe ich mein Leben lang gesucht. Und genau das habe ich gefunden. Diese Suche ist nichts, wofür wir uns schämen müssten, sondern etwas, das uns menschlich macht. Es ist die Suche nach etwas, das die Geschichte der Menschheit begleitet. Klingt hochtrabend – ist aber so.

Vielleicht kann dieses Buch dazu beitragen, dass wir uns irgendwann nicht mehr ständig für unsere spirituelle Ader entschuldigen müssen.

Im Idealfall sind Sie nach der Lektüre auf dem Weg, ein bisschen geschmeidiger durchs Leben zu gehen. Sie werden nach diesem Buch kein Virtuose sein, aber sie werden einen guten Überblick und einen ersten Eindruck von der spirituellen Welt haben. Sie können sozusagen bei der Gitarrenmusik mitsingen.

Und keine Angst: Sie müssen hier keine blöden Übungen machen, Urin trinken, Kontaktlinsen für Ihr drittes Auge kaufen, ein Schamanen-Süppchen kochen oder sonstigen Hokuspokus vollführen.

Sie können einfach dieses simple Buch lesen und schauen, was für Sie passt. Der Rest geschieht ganz automatisch. Willkommen auf Ihrer Reise!

Der mentale Weg

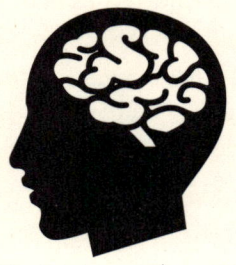

»Die meisten glauben, Spiritualität bedeutet, dass man ein positiverer Mensch wird. Aber spirituell zu sein, bedeutet Achtsamkeit. Achtsamkeit ist nicht positiv. Achtsamkeit ist Authentizität. Authentizität beinhaltet alles Positive, Negative und Neutrale.«
Teal Swan, Schriftstellerin

Wir beginnen mit dem mentalen Weg – dem Weg des Verstands. Hier versuchen wir durch unsere mentale Intelligenz spirituelle Erfahrungen zu machen. Wir müssen zunächst einmal geistig verstehen, wie Meditation eigentlich wirkt, und diese Wirkung über den Verstand in unseren Körper bringen. Der Kopf ist sozusagen die Basis, um überhaupt einen Zugang zur Spiritualität zu bekommen.

Der mentale Weg ist der klassische und bekannteste Weg der Meditation. Meditation selbst ist keine Übung, sondern ein Zustand, zu dem wir durch Übungen gelangen wollen. In diesem Zustand erhalten wir tiefere Einsichten über uns selbst. Bei mentalen Übungen geht es immer um das Bändigen des Verstands.

Spiritualität steht für die Einsichten und die Haltung im Leben. Sie ist keine Leistung und auch keine Medizin. Spiritualität ist das, was unserem Leben Sinn gibt und uns mit dem verbindet, was allgemein »Gott« genannt wird. Jeder Mensch ist spirituell, auch wenn nicht jeder mit seiner spirituellen Seite in Kontakt ist.

In den folgenden drei Kapiteln mache ich Sie mit Methoden bekannt, die Ihnen einen Einblick in die mentale Welt der Spiritualität gewähren.

Die kürzeste Meditation der Welt

»Ein Moment unmittelbarer Klarheit bringt mehr als ein ganzes Leben voller künstlicher Meditationen.«
Candice O'Denver, spirituelle Lehrerin

Wir beginnen mit der kürzesten Meditation der Welt.

/

/

/

Das war sie schon.

Denken Sie nicht, ich will Ihnen hier einen kosmischen Witz erzählen. Ich finde Witze schrecklich. Kosmische erst recht.

Diese drei Striche oben waren schon die Meditation. Es war ein kurzer Moment des Wunderns, des Nicht-Denkens. Kurze Momente des Nicht-Denkens sind wie Musikhören. Wir sind für kurze Zeit nur darauf fokussiert. Es gibt nur die Musik und kein Denken. Lauschen Sie einmal intensiv, ob gerade in diesem Moment um Sie herum irgendwo Musik erklingt. Jetzt – genau. Vielleicht hören Sie nun etwas, das Sie vorher nicht gehört haben. In dem Augenblick des puren Lauschens existieren keine Gedanken – und somit keine Probleme. Um diesen reinen Moment geht es hier.

In der Millisekunde, in der Sie die drei Striche oben wahrgenommen haben, gab es einen winzigen Moment des Nicht-Denkens. Eine Lücke zwischen Lesen und Erkennen – den kurzen, reinen Moment.

Sehen Sie die Leerzeile unten? Versuchen Sie mal zu lesen, was dort geschrieben steht.

Da steht natürlich nichts. Aber was haben Sie in dem Moment wahrgenommen, als Sie versuchten, dort etwas zu entdecken? Aufmerksamkeit, Bewusstsein, Entspannung? Vielleicht sogar ein wenig Euphorie? Auf jeden Fall existierten für einen kurzen Augenblick keine Gedanken, keine Sorgen, keine Ängste. Diese kurzen Momente des reinen Wahrnehmens wollen wir kultivieren.

Wenn wir nicht mehr denken, bleibt eine Klarheit und Wachsamkeit zurück. Die Gedankenspirale bekommt einen Riss. Diesen Riss, dieses Nichts wollen wir wahrnehmen.

Vielleicht versuchen Sie noch einmal, die Pause zwischen Ihren Gedanken wahrzunehmen. Dieses Mal ohne die drei Striche oder die Leerzeile. Das, was Sie nicht denken, ist schon die Meditation. Und wenn das Nicht-Denken nicht funktioniert, lauschen Sie. Hören Sie noch einmal genau hin, ob nicht irgendwo Musik erklingt.

Kurze Momente des Nicht-Denkens sind keine Übung im klassischen Sinn. Sie sind vielmehr das Wahrnehmen des Nicht-Wahrnehmbaren – das klingt zwar nach einer abgedroschenen spirituellen Floskel, ist es aber nicht (wie Sie später im Buch hoffentlich erkennen werden).

Versuchen Sie ganz einfach, diese Momente zu erfahren. Vielleicht hilft es Ihnen, die Augen zu schließen und sich vorzustellen, dass hinter Ihren Lidern eine grenzenlose Weite herrscht. Sie werden keinen Anfang und kein Ende in dieser schwarz-orangefarbenen Welt finden. Nehmen Sie wahr, was um Sie herum oder in Ihrem Inneren passiert. Was in einem unbegrenzten Bereich geschieht, der nichts mit Ihrem Denken zu tun hat.

Nein – ich will Sie nicht vom Denken abhalten. Denken ist großartig. Ich will Sie vom unbewussten Schwelgen in Sorgen, Stress und Strapazen abhalten.

Erinnern Sie sich an das *Magische Auge*, diese Bücher aus den Neunzigern? Man musste ganz lange auf ein buntes Bild starren, bis plötzlich ein Dinosaurier oder ein Segelboot in 3D erschien. So ähnlich ist es mit kurzen Momenten. Es ist, als würde sich eine neue Dimension öffnen. Sie müssen es nur versuchen. Nur lesen, was ich hier schreibe, reicht leider nicht.

Wenn Sie jetzt nach draußen schauen. Was sehen Sie?

Da! Da war er wieder. Der Moment zwischen Blicken und Beschreiben. Nicht, *was* Sie sehen, ist hierbei wichtig. *Dass* Sie sehen, ist der entscheidende Unterschied. Wer sieht? Wer schaut durch Ihre Augen? Und wie erkennt diese sehende Instanz die Welt?

Das ist der kurze Moment des reinen Wahrnehmens, des Gewahrseins. In diesem Augenblick gibt es kein Problem. In Ihrem Innern mögen Sorgen, Trauer oder Liebeskummer toben. Und trotzdem singen draußen die Vögel, Wolken ziehen vorbei oder der Regen prasselt. Dies alles läuft weiter, selbst wenn in Ihrem Kopf ein Blasorchester an Gedanken, Sorgen und Problemen spielt. Das bedeutet doch, dass unsere Kopfwelt keinen Wert außerhalb des Ichs hat. Nur für sich selbst ist sie von scheinbarer Wichtigkeit. Gäbe es also diese

Gedanken nicht, gäbe es auch keine Sorgen. Das ist ziemlich banal und doch so schwierig.

Vielleicht werden Ihre Gedanken bei diesem Paradox auf-begehren. Auch das ist vollkommen in Ordnung. Genau darum geht es hier. Gedanken kommen und gehen. Man sollte sie nicht zu ernst nehmen, denn sie verändern sich ständig und haben keinen Bestand. Vielleicht hatten Sie diesen Gedanken vorher gar nicht und er ist erst da, nachdem Sie ihn gelesen haben. Ist das nicht der beste Beweis dafür, dass Gedanken unbeständig und beeinflussbar sind und somit auch nicht unbedingt der Wahrheit entsprechen?

In unserer modernen Welt scheint es fast verboten, sorgen-frei durchs Leben zu gehen. Wir sorgen uns um alles: die Kin-der, die Politik, die Wirtschaft, die Arbeit, die nächste Reise, die Rente, das Wetter und so weiter. Wer keine Sorgen hat, ist oberflächlich und dumm. Wir glauben so fest an unser eigenes Elend, dass wir jeden Morgen die Zeitung lesen, um unsere Sorgen zu füttern, bestätigen und wachsen zu sehen. Wir schauen fern, um mit Sorgen berieselt zu werden. Wir hören Radio auf dem Weg zur Arbeit, um uns von absurd gut gelaun-ten Moderatoren auf andere Gedanken bringen zu lassen, bevor die Nachrichten wieder von Krisen, Terror und Kata-strophen berichten. Und so häufen wir nicht nur immer mehr Besitz und Vermögen an, sondern auch Angst, Ärger und Verdruss.

Nein, ich möchte Sie nicht dazu auffordern, politisch unin-formiert zu bleiben oder das Leiden anderer Menschen zu ignorieren. Aber wie wäre es, wenn wir den Sorgen nicht mehr so viel Gewicht gäben? Das können wir tun. Zum Beispiel, indem wir uns kurze Momente des Nicht-Denkens, des Nicht-Sorgens nehmen.

Stellen Sie sich vor, Ihr Chef teilt Ihnen mit, dass Sie richtig Scheiße gebaut haben. In Ihrem Innern beginnt sofort ein Kampf. Ihre Hände verkrampfen, Ihr Atem stockt, Ihr Herz klopft.

Jetzt wäre genau der richtige Zeitpunkt für einen kurzen Moment. Er wird zwar nichts an der Situation ändern, aber Ihnen erlauben, Ihr Inneres für eine Millisekunde zu entspannen. Dies hilft Ihnen, nicht sofort in die Opferrolle zu fallen, sondern Ihre Gedanken zu sammeln und klar und vernünftig Stellung zu beziehen. Sie werden durch den kurzen Moment des Nicht-Denkens zum Beobachter der Situation und distanzieren sich ganz kurz von Ihrem Unwohlsein.

Wie alle neuen Methoden erfordert auch diese simple Meditation Übung. Wenn Sie dranbleiben, werden Sie im Laufe der Zeit feststellen, dass die Lücke zwischen den Gedankensträngen immer länger wird. Die kurzen Momente werden wachsen und sich ausweiten und das Gefühl des reinen Gewahrseins immer länger bei Ihnen bleiben. Nennen Sie es, wie Sie möchten. Vor mir aus auch Gott oder das Göttliche. Es ist das, was die Vögel zum Fliegen bringt, die Wolken zum Ziehen und unsere Augen zum Sehen. Ohne Anstrengung oder Energieverlust. Auch wir würden übrigens ziemlich viel Energie sparen, wenn wir uns häufiger in diesem Gewahrsein entspannen würden. Was glauben Sie, wo die ganzen Burn-outs herkommen?

Das Gewahrsein ist nie von unseren Gedanken und unserem Sorgenapparat berührt. Es ist völlig unbeeinflusst von allem Menschlich-Weltlichen. Damit ist es die einzige Konstante, auf die wir uns verlässlich berufen können. Das Gewahrsein ist immer da, immer an, immer präsent.

Ich werde Sie im Laufe dieses Buches immer wieder daran erinnern, kurze Momente zu nehmen. Jedes Mal, wenn Sie dieses Symbol sehen, versuchen Sie für eine Millisekunde nicht zu denken.

Sie werden merken, wie die Wiederholungen fruchten. Die kurzen Momente werden das zerebrale Blasorchester zwischen Ihren Ohren beruhigen und Ihnen eine neue innere Stabilität verleihen.

Kennen Sie das Buch *Endlich Nichtraucher?* Darin verspricht der Autor Allen Carr, dass der Leser am Ende des Buchs mit dem Rauchen aufhören wird. Die meisten Menschen lesen das Buch nicht zu Ende, um nicht tatsächlich aufhören zu müssen. Aber warum haben sie sich denn dann das Buch gekauft, wenn nicht genau deswegen? Warum geben sie freiwillig auf?

Wie beim Nichtrauchen sollte auch in der spirituellen Entwicklung am Anfang der feste Entschluss zur Veränderung stehen. Der muss aber auch durchgezogen werden. Es liegt so viel Komfort und Vertrautheit in den täglichen Angewohnheiten, dass es Anstrengung erfordert, die eigene Bequemlichkeit zu schlagen.

Es ist aber möglich, neue Rituale zu entwickeln. Wenn Sie sich immer wieder diese kleinen Momente nehmen, werden Sie auch immer mehr Abstand zu sich selbst, Ihren Bequemlichkeiten und Angewohnheiten gewinnen. Und es wird Ihnen leichter fallen, in der Situation selbst zu entscheiden: »Will ich das wirklich? Brauche ich diese Zigarette, diese Sorge, diesen Wutanfall? Oder ginge es mir nicht besser ohne?«

Natürlich sind diese kurzen Momente nicht die Patentlösung für alles. Und sie garantieren auch nicht, dass Sie danach die »richtige« Entscheidung treffen. Aber sie bewirken, *dass* es eine bewusste Entscheidung ist. Und das allein hat bereits einen unschätzbaren Wert.

Als ich zum ersten Mal von diesen kurzen Momenten hörte, wollte ich nicht glauben, dass Meditation so einfach sein kann. Ich dachte, dass einfache Dinge keinen großen Nutzen haben könnten. Aber ich lernte, dass bei der Meditation genau das Gegenteil der Fall ist: je simpler, desto besser.

Ich dachte (vermutlich genau wie Sie), dass Nicht-Denken überhaupt nicht möglich sei. Wie soll das funktionieren? Ich probierte es natürlich trotzdem aus, weil ich mir in meinem dreißigsten Lebensjahr versprochen hatte, alles Spirituelle wenigstens einmal auszuprobieren. Also konzentrierte ich mich auf die kurzen Momente und erwartete Wunder. Oder eine Art Erleuchtung. Zumindest eine tiefere Einsicht. Als nichts davon eintraf, fing mein Denkapparat an zu rotieren: Ich bemühe mich nicht richtig, das Ganze ist eine Lüge, für solchen Mist bin ich einfach nicht geschaffen. Erst im Laufe der Zeit lernte ich den Trick, einfach nichts zu erwarten.

Erwarten Sie also nichts. Machen Sie einfach. Und wenn nichts zu funktionieren scheint, machen Sie alles genau richtig.

Woher kommt die Methode?

Kurze Momente des Nicht-Denkens kommen ursprünglich aus einer buddhistischen Tradition namens Dzogchen. Dzogchen ist der Kern aller buddhistischen Lehren. Wer sich dem Dzogchen verschreibt, beschreitet den Pfad der Selbstbefreiung. Zumindest theoretisch.

Selbstbefreiung heißt, dass wir unser wahres Wesen in Einheit mit dem Göttlichen erkennen. Einfacher ausgedrückt: Wenn alles von Gott erschaffen wurde, sind auch wir ein Teil Gottes.

Dass wir uns miteinander verständigen können, verdanken wir einer bestimmten Intelligenz, die uns als Mensch auszeichnet. Teil dieser Intelligenz zu sein, verbindet uns. Und da diese Intelligenz das ganze Universum nach Ansicht des Dzogchen erschaffen hat, sind wir ein Teil des Universums, ein Teil dieser Intelligenz und wenn Sie so wollen: ein Teil der Schöpfung und des Schöpfers. Im Grunde ganz einfach.

Kurze Momente des Nicht-Denkens wurden zu Buddhas Zeit, also vor 2500 Jahren, vor allem in Klöstern in Asien gelehrt und praktiziert. Sie sind im Laufe der Zeit völlig in Vergessenheit geraten und kommen jetzt erst wieder in Mode.

Für wen ist die Meditation der kurzen Momente geeignet?

Kurze Momente sind die einzige Übung, die ich wirklich jedem Leser[1] uneingeschränkt empfehlen würde. Es gibt

---

[1] Bitte haben Sie Verständnis, dass ich für allgemeine Aussagen das Maskulinum verwende. Es vereinfacht die Chose ungemein – und um Vereinfachung geht es hier schließlich.

keine Nachteile; man muss keine Kurse belegen oder Bücher lesen, es nimmt keine Zeit in Anspruch und hat keinerlei sonstige Voraussetzungen. Man muss es nur tun.

Was bringt die Übung?

Nach einiger Übung werden Sie feststellen, wie sich in Ihrem Inneren etwas lockert und löst. Es wird Ihnen leichter fallen, sich von Ihren eigenen Problemen zu distanzieren und Entscheidungen bewusster wahrzunehmen. Die kurzen Momente entspannen Geist und Körper und sorgen gleichzeitig für mehr Wachsamkeit und Umsicht.

Was ist so genial an kurzen Momenten des Nicht-Denkens?

Kurze Momente können immer und überall genommen werden. Sie müssen sich nicht zurückziehen, verrenkte Yogahaltungen einnehmen, einen Tempel besuchen oder lange Zeit stillsitzen. Kurze Momente sind immer da. Sie müssen Sie nur nehmen. Am besten ohne Erwartung.

Gibt es etwas Ähnliches?

Es gibt die sogenannte »Stopp-Meditation«, die von Osho[2] erfunden wurde. Sie dauert dreißig Sekunden. Dabei soll der gestresste Alltagsmensch für eine halbe Minute verharren und

---

[2] Osho war in den Achtzigern der berühmteste Guru der Welt. Er war der wichtigste Vorreiter für die Öffnung des Westens zu Meditation und Spiritualität.

völlig regungslos wahrnehmen, was im Innen und Außen geschieht. Die Methode ist nicht schlecht, kann aber nicht ohne Weiteres immer und überall angewandt werden. Es sähe komisch aus, wenn Sie plötzlich mitten in einem Arbeitsmeeting dreißig Sekunden lang reglos verharren würden.

Kurze Momente des Nicht-Denkens können Sie hingegen jederzeit an jedem Ort nehmen und dabei garantiert trotzdem nichts verpassen. Es merkt übrigens auch niemand, wenn Sie einen kurzen Moment des Nicht-Denkens nehmen. Sehen Sie die Übung als Ihren kleinen Geheimweg, um souverän und ausgeglichen zu bleiben.

Außerdem raten viele Zen-Meditationen, auf den eigenen Atem zu achten. Dies kommt sicherlich dem kurzen Moment am nächsten und ist sehr sinnvoll und fruchtbar. Es birgt aber eine kleine Anstrengung in sich. Ganz bewusst auf den Atem zu achten, erfordert Konzentration, die man in manchen Situationen und Umständen vielleicht nicht aufzubringen vermag. Bei kurzen Momenten braucht man diese nicht, da die Verbindung zum Gewahrsein immer da ist.

Wo? Wer? Wann? Was?
Hier. Sie. Jetzt. Wenn Ihnen das noch nicht genügt, gibt es Seminare für kurze Momente. Checken Sie hierfür einfach www.balancedview.org.

Mehr Informationen zu Balanced View finden Sie in dem Kapitel über spirituelle Gemeinschaften.

Literatur, Internet, Apps und Tipps

Hier finden Sie ein kostenloses Buch über die kurzen Momente und ihren Nutzen:

http://www.balancedview.org/en/resources/books/

Die Apps *Insight Timer* und *MotivAider* können gute Hilfsmittel sein, an kurze Momente zu denken. Versuchen Sie aber zunächst, sich aus eigener Kraft an die Mini-Meditation zu erinnern. Dies gibt Ihrem eigenen Bewusstsein eine höhere Bedeutung und fördert Ihre Eigenverantwortung.

Vipassana – die härteste Meditation der Welt

»Seht klar. Und hört auf zu jammern.«
S. N. Goenka, Vipassana-Lehrer

Springen wir in den Vulkan. Besser gesagt: in unser Selbst. Vipassana bedeutet zehn Tage schweigen und meditieren, und zwar von morgens um vier bis abends um neun – also 15 Stunden lang. Kein Handy, kein Computer, kein Fernsehen. Kein Buch. Kein Stift. Gar nichts. Eine Mahlzeit pro Tag. Alle Teilnehmer schweigen während der zehn Tage. Noch nicht einmal Augenkontakt mit anderen ist erlaubt. Bei Vipassana gibt es nur uns und unser verrücktes mentales Innenleben. In spirituellen Kreisen wird dieses Gedankenwirrwarr *Monkey Mind* genannt, weil unser Verstand von Ast zu Ast hüpft und keine Ruhe gibt.

Wenn wir bei unserer Gitarrenmetapher bleiben, ist Vipassana ungefähr so, als würde man Sie mit einer Gitarre in einen kargen Raum sperren, Ihnen einmal am Tag etwas zu essen geben und sonst gar nichts. Da Sie nur die Gitarre zum Zeitvertreib hätten, würden Sie früher oder später anfangen zu spielen. Zehn Tage lang nur Sie und Ihre Gitarre. Viel Spaß.

Immerhin erhielten Sie jeden Morgen eine fünfminütige Anleitung, mit der Sie sich für den Rest des Tages beschäftigen können. Das ist nicht viel, aber nach zehn Tagen hätten Sie die wichtigsten zehn Noten drauf. Das reicht für 99 Prozent aller Musikstücke.

Vipassana ist die größte Qual, die sich ein Mensch (zumindest aus unseren Breiten) antun kann. Und trotzdem liebe ich diese Methode. Denn nach den zehn Tagen hat man einen Geschmack davon, was es bedeutet, klar und befreit zu sein.

Während der zehn Tage gewinnen Sie eine Vorstellung davon, warum sich die Mär von der Hölle über so viele Jahrhunderte gehalten hat. Denn Vipassana *ist* die Hölle.

Das Wort »Vipassana« ist Sanskrit (der sprachliche Vorgänger von Hindi) und bedeutet »die Dinge sehen, wie sie sind«. Und die Dinge sind ganz häufig ganz und gar nicht so, wie wir sie gern hätten. Diesen Missstand gleichmütig zu ertragen, ist das Ziel von Vipassana.

Ich stieß vor 15 Jahren durch Zufall auf diese Methode. Spirituell Beflissene würden sagen, es war Fügung. Ein Bekannter erzählte mir davon. Er sagte: »Das ist genau das Richtige für solche Hibbelköppe wie dich.« Er war stoischer Norddeutscher und schätzte mich ziemlich treffend ein.

Meine erste Vipassana-Sitzung machte ich in Indien; in einem Ort namens Igatpuri, drei Zugstunden von Mumbai entfernt. Dort befindet sich das weltweite Zentrum für Vipassana. Es hat ein eigenes Forschungsinstitut und Platz für fast tausend Menschen. Das Gelände ist so groß wie zehn Fußballfelder und mit weißen, schmalen Gebäuden übersät. In der Mitte steht eine gewaltige Pagode mit goldener Kuppel. Etwa hundert Meter von der Pagode entfernt durchtrennt eine Wand aus Stoffbahnen das Gelände. Sie soll die (nun erst recht) gierigen Blicke zwischen der Männer- und Frauenseite abfangen. Indien ist nun mal ein, nun ja, traditionelles Land. Da nützt auch Vipassana nichts.

An indische Gepflogenheiten muss man sich erst gewöhnen. Dazu gehört der bürokratische Aufwand, den jeder Meditierende vor seiner ersten Vipassana erledigen muss. Wer sich bereit erklärt, zehn Tage lang alle Regeln zu befolgen, seinen Reisepass abzugeben und in dieser Zeit keine anderen Meditationsformen anzuwenden, bekommt eine Kemenate zugewiesen. Ein fünf Quadratmeter großes Zimmer mit Bett, Dusche und eigenem Klo.

Es beginnt um 17 Uhr an Tag null in der großen Meditationshalle. Also am Abend vor den zehn Tagen. Vipassana ist damit eigentlich elf Tage lang. Alle Bewohner des Areals treffen sich, um für eine Stunde still zu sitzen und zu meditieren. In den zwei kargen Hallen hocken fast fünfhundert Männer und Frauen getrennt im sogenannten Group Sitting auf kleinen Kissen und warten darauf, eine Stecknadel fallen zu hören.

Die Halle ist an Kargheit nicht zu überbieten. Keine Räucherstäbchen, keine Buddhastatuen, kein Altar. Nur weißer Kalk, Stockflecken und Geckos.

Als ich zum ersten Mal Vipassana machte, ahnte ich nicht, was auf mich zukommen würde. Ich hatte alle Formalien erledigt, meine Kemenate bezogen und saß in dieser schrecklichen Dhamma-Halle. Als ich einen hohlen Gong hörte, schloss ich meine Augen und versuchte, mich auf meinen Atem zu konzentrieren. Doch schon wenige Sekunden später dröhnten jämmerliche gutturale Laute durch die heiligen Hallen. Irgendwie musste sich ein besoffener Inder hierherverirrt haben. Ich drehte mich entsetzt um, konnte aber niemanden entdecken. Dann bemerkte ich, dass das Gelalle den Lautsprechern über mir entstieg. Fünf Minuten dauerte das Gegröle, bis ich mich endlich auf meine Meditation konzentrieren konnte.

Nach einer knappen Stunde jaulte der Besoffene wieder auf. Nachdem sein Kneipengegröle verebbt war, riefen alle um mich herum dreimal »Saddhu«, verbeugten sich und verschwanden aus der Halle. Keine Anweisungen, keine Einführung, keine Erklärung. Ich ging auf meine Kemenate und wunderte mich.

Später am Abend ging jemand mit einer Glocke herum. Ich sollte mich zurück in die Dhamma-Halle begeben und ein Gelübde ablegen. Geleitet von einem kleinen, hutzeligen Lehrer schwor die Gemeinschaft, während der Zeit im Dhamma-Zentrum nicht zu töten, zu stehlen, kein sexuelles Fehlverhalten an den Tag zu legen (was auch immer das heißen mochte), nicht zu lügen und keine betäubenden Substanzen zu sich zu nehmen. Wer sich für die zehn Tage anmeldete, müsse seinen Lebensrhythmus verändern, erklärte uns der Lehrer.

Was das genau bedeutete, lernte ich am nächsten Morgen. Um vier Uhr früh holte mich eine helle Glocke aus tiefem Schlaf. Es war mir unmöglich, aufzustehen. Innerhalb weniger Sekunden war ich wieder eingeschlafen.

Jemand klopfte an meine Tür und sagte etwas auf Hindi. Ich knipste das Licht an, versuchte Leben in meinen Körper zu bekommen und stand schließlich tatsächlich irgendwie auf. Ich folgte wie in Trance dem allgemeinen Strom der

Meditierenden. Ein unglaublicher Sternenhimmel besprenkelte die Welt. Ich fühlte mich in den Film *Time Machine* versetzt, in dem Menschen durch tonale Schwingungen willenlos in einer Höhle verschwinden und nie wieder rauskommen.

Vor dieser Vipassana war ich in Goa gewesen, hatte täglich zwanzig bis dreißig Joints geraucht, Dutzende von Travellern kennengelernt und war von einem Ort zum nächsten gezogen, um meine eigene Unruhe nicht zu konfrontieren. Und nun saß ich plötzlich in dieser schrecklichen Meditationshalle und durfte nichts tun als stillsitzen.

Die Unruhe in meinem Körper war unerträglich. Gegen sechs Uhr ging das Gegröle wieder los. Dieses Mal *sang* der Besoffene für eine geschlagene halbe Stunde.

Zum Frühstück gab es eine Handvoll Porridge und zwei Bananen. Ich schaute mich um. Das letzte Mal hatte ich so einen Speisesaal bei der Bundeswehr gesehen. Wir saßen auf Plastikstühlen. Der Boden war gefliest, die Fenster vergittert. Ich aß mein Porridge und hatte einen Kloß im Hals.

Um halb neun das gleiche Ritual: Gegröle, Stille, Gegröle, keine Erklärungen. Hatten die mich aus Versehen in einen Kurs für Fortgeschrittene oder für Verrückte gesteckt? Doch um zehn erschien wieder der kleine, hutzelige Lehrer auf der Bühne.

Er erklärte uns, dass das Gegröle der Meditationsgesang des großen Lehrers S. N. Goenka war und vom Tonband lief. Es sollte unserer edlen Gesinnung zuträglich sein. Wir erfuhren, dass Vipassana keine Erholung, kein Fluchtweg und kein spaßiger Ort sei, um Menschen kennenzulernen.

Das gefiel mir. Es war nur für Erwachsene, wir sollten keine Heiligen anbeten und Erleuchtung versprach auch niemand.

Den gesamten Tag verbrachten wir schweigend und meditierend in der Halle. Ziel der Übung war es, uns auf ein Objekt zu konzentrieren – den Atem. Sonst nichts. Die Sekunden krochen in Zeitlupe dahin. Zum ersten Mal fragte ich mich, warum Menschen eigentlich ewig leben wollen.

Die ersten drei Tage waren schier unerträglich. Täglich mussten wir an drei einstündigen Group Sittings teilnehmen, ohne uns auch nur im Entferntesten zu bewegen. Wir sollten beobachten, wie die Luft durch die Nasenlöcher ein- und wieder ausströmte. Ich wünschte mir sehnlichst eine anspruchsvollere Aufgabe.

Am dritten Tag rief der Lehrer alle Teilnehmer einzeln nach vorn und fragte, ob wir es schafften, eine Minute lang mit der Konzentration nur beim Atem zu bleiben. Ich log und sagte ja. In Wirklichkeit war ich während der Meditation überall, nur nicht bei meinem Atem. Ich stritt mit meinen Kollegen, lag mit allen Exfreundinnen im Bett, aß die köstlichsten Mahlzeiten, wanderte durch Ägypten, spielte am Strand Frisbee, paddelte den Ganges herunter oder segelte um die Welt. Ich mied die Leere wie der Teufel das Weihwasser.

Vor mir saß ein skandinavisch aussehender Typ. Er sah aus, als wäre er aus Wachs gegossen, bewegte sich nicht ein Stück, zog nicht die Nase hoch, kratzte sich nicht am Kopf. Wie machte er das? Von den vierhundert Männern waren höchstens zehn aus dem Westen. Alle anderen waren Inder. Hatten die anderen genauso viel Kopf-Sex wie ich?

Links neben mir saß ein Mann, der die ganze Zeit rülpste. Welche Krankheit er wohl haben mochte? So viel Kohlensäure konnte kein Mensch zu sich nehmen. Hinter ihm furzte es regelmäßig laut. Weiter vorn zog jemand literweise Rotze aus seiner Nase und würgte sie hoch. »Chchchchjjuitt«, machte es. Manchmal drang auch ein lautes Schnarchen durch die Halle. Wie konnte man denn im Schneidersitz einschlafen? Hier war alles möglich. Welcome to India.

In der kargen Dhamma-Halle konzentrierten sich 399 Meditations-Schlüler auf ihren Atem und ein Verwirrter sehnte sich nur nach Meerbusen und Orgasmen. Es gab keine Ablenkung. Kein Meer, keinen Sonnenuntergang, keine Räucherstäbchen. Nichts. Noch nie in meinem Leben war ich mir selbst so ausgeliefert gewesen. Es war unerträglich.

Nach dem einstündigen Group Sitting kam die Erlösung durch Goenkas entsetzlichen Gesang. Anschließend setzte der schlimmste Schmerz meines Lebens ein, wenn ich meine Knochen aus der Starre befreite. Ich humpelte wie ein rachitischer Mann zum Ausgang und hätte heulen können vor Elend, Qual und meiner verfluchten Sehnsucht nach Klarheit oder Erleuchtung oder sonst irgendeinem Zustand jenseits dieses durchschnittlich-westlichen unerträglich-unberechenbaren Lebens.

Die meiste Zeit zwischen den Group Sittings durften wir in unseren Zellen verbringen. Doch ich kehrte stets nach einer halben Stunde zurück, da ich dort noch weniger mit mir anfangen konnte als in der öden Meditationshalle. Ich hatte brav mein Handy, Laptop und Bücher am Empfang abgegeben. Ein Leben ohne Ablenkung ist grauenhaft.

Die einzige Abwechslung fanden wir Vipassana-Schüler in den abendlichen Videovorträgen. Hier sprach Goenka in miserabler VHS-Qualität zu seinen Gequälten. Er benutzte dabei Begriffe wie Sila, Samadhi, Pana oder Sankarra. Ich fragte mich, wieso man es uns so kompliziert machen musste. Was bringt es mir, Pali-Vokabeln zu lernen? Ich hatte mich ja schon gegen Latein aufgelehnt. Aber vielleicht gehörte dies zum Kanon des spirituell aufstrebenden Menschen. Erst im Laufe vieler Vipassana-Sitzungen lernte ich, dass jede Organisation ihr eigenes Vokabular benötigt, um sich klar und unmissverständlich abgrenzen zu können.

»Jeder Mensch atmet«, erzählte Goenka in schwer verständlichem Englisch. »Jeder Atemzug ist lebensnotwendig und einzigartig. Wenn wir Menschen eines gemeinsam haben, dann ist es der Atem. Wer seinen Atem beobachtet, erkennt nicht nur seinen eigenen Gemütszustand, sondern auch den der Menschen um sich herum und damit den Zustand der ganzen Welt. Der Atem ist jenseits aller Religion. Jeder Mensch, ob Hindu, Christ, Jude oder Moslem, kann seinen Atem beobachten.«

In diesen abendlichen Videos saß Goenka neben seiner versteinert aussehenden Frau und versprühte Witz, Güte, Bescheidenheit und Weisheit. Er war seit fünfzig Jahren sein eigener bester Schüler und bewegte sich während der Vorträge keinen Millimeter. So wird man, wenn man täglich drei Stunden Vipassana meditiert. Seit einem halben Jahrhundert war nicht ein Tag verstrichen, an dem Goenka nicht dreimal meditiert hätte.

Goenkas Videovorträge über die Vorzüge des Meditierens an jedem Abend wirkten während der zehntägigen Vipassana wie ein motivierender Gute-Nacht-Trunk. Am nächsten Morgen waren die gemarterten Schüler wieder bereit, sich den Schmerzen und der Stille und dem Tosen zwischen den eigenen Ohren auszusetzen.

Vipassana funktioniert vor allem deswegen, weil keiner der erste von vierhundert Meditierenden sein will, der aufgibt. Zu Hause hätte ich das keine zehn Minuten durchgehalten. Doch in dem Zentrum herrschte eine Was-die-können-kann-ich-auch-Stimmung. Vor den anderen war ich zu eingebildet, um vor Schmerz zu stöhnen; zu stolz, um mich zu kratzen; zu verbissen, um mich zu bewegen. Und ich schätze, dass es allen anderen auch so ging. Und deshalb sind alle Vipassana-Meditierende Buddhas – von außen. Sie sind nur Buddha, weil ihr Nachbar auch Buddha ist. Buddhaheit steckt also an.

Vipassana ist die reinste und (er-)nüchternste Form der Meditation. Es erscheinen einem keine Heiligen. Auch keine mystischen Blitze oder Geister. Es begegnet einem nur das eigene Ich mit seinen Schmerzen, Gedanken, seinem Weh und Ach.

Am dritten Abend lag ich in meiner Kemenate und heulte wie ein Kind. Ich fragte mich, warum ich diesen Mist durchmachen musste. Niemand zwang mich dazu. Ich konnte niemandem die Schuld für diese Quälerei geben; ich hatte mich freiwillig dazu entschieden. Ich wollte unbedingt anders sein, weiterkommen, Erlösung finden. Ausgerechnet ich, der zu spät geborene Hippie, der Ungebundene, der olle Hibbelkopp.

Ausgerechnet ich hielt mich jetzt sekundengenau an einen vorgegebenen Terminplan, stellte mich in Schlangen an und lernte komplizierte fremde Vokabeln. Ich tröstete mich mit dem Gedanken, dass es immer noch besser war, als einer verhassten Arbeit nachzugehen, familiärem Druck ausgesetzt zu sein oder in einem gesellschaftlichen Klima zu leben, das die Leute krank machte.

Zum Glück hielt ich durch. Denn die wahre Vipassana-Meditation begann erst am vierten Tag. Nach dem morgendlichen Group Sitting sollten alle Schüler ihren Körper von Kopf bis Fuß gedanklich abscannen. »From the top of the head to the tip of the toe«, wie Goenka diese Methode beschrieb. Quadratzentimeter für Quadratzentimeter sollten die Meditierenden ihre Haut entlanggleiten und jede Partie erspüren, ohne sich dabei ein Stück zu bewegen.

Für den Hibbelkopp in mir war dieser Tag eine gewaltige Erlösung. Denn endlich gab es eine Aufgabe – von da an ging alles leichter. Auch die rülpsenden, furzenden und rotzenden Nachbarn waren besser zu ertragen.

Wie die Hornhaut, die nach vielen Gitarrenstunden irgendwann die schmerzenden Fingerkuppen bedeckt, wird bei Vipassana der Geist abgehärtet. Plötzlich merkt man, dass man sich eine ganze Stunde auf den Körper konzentrieren kann und dabei auch noch still sitzt und sich nicht mehr in Gedanken verliert. In den Muskeln und Knochen lösen sich Knoten, der ganze Körper fühlt sich entspannt an.

Nach der Meditation ging ich über das Gelände und wurde mir zum ersten Mal der Schönheit des Gartens bewusst. Mit unendlicher Liebe hatten viele fleißige Service-Kräfte kleine Beete angelegt, blühende Hecken getrimmt und verschlungene Wege in die Natur gearbeitet. Zuvor war mir alles hier karg und spartanisch vorgekommen.

Beim nächsten Group Sitting blieben ein paar Kissen leer. Trotz Hornhaut hatten die ersten die Tortur offensichtlich abgebrochen. Goenka redete von der Befreiung des Geistes, von totaler Erleuchtung. Ich glaubte nicht wirklich dran. Höchstens noch heimlich. Rein, frei und erleuchtet zu sein, war Simsalabim.

Meine Gedanken schweiften wieder unkontrolliert ab. Die Zeit zwischen den Group Sittings war am schwierigsten. Während der Meditationsstunden hatte ich wenigstens eine Aufgabe, auf die ich mich trotz der körperlichen Schmerzen, die das Stillsitzen mit sich brachte, konzentrieren und fokussieren konnte. Ich versuchte es sogar mit Schmerztabletten. Sie wirkten kein Stück, weil die Schmerzen beim Stillsitzen rein mental sind. Sie treten wahllos auf und verschwinden wieder.

Ab dem sechsten Tag begann ich, auch zwischen den Group Sittings still zu sitzen und mich auf Atem und Körper zu konzentrieren. Fast automatisch fing ich ab dem siebten Tag meine schweifenden Gedanken ab und holte meinen Geist zurück auf das blaue Sitzkissen im Hier und Jetzt.

Ich hatte hier zum ersten Mal das Gefühl, ein gelehriger Schüler zu sein. Alles falsch zu machen, ist auf Dauer langweilig.

Goenka erklärte uns an diesem Tag das Konzept des *Free Flow*, des freien Flusses von Energie durch unseren Körper.

Zunächst verstand ich nicht, was er damit meinte. Doch dann floss es. Und zwar gewaltig. Es fing in meinen Füßen an und strömte nach oben. Als der *Free Flow* meinen Kopf erreichte, war ich mir sicher, dass meine Haare zu Berge stünden. Ich atmete nur noch ganz leicht und plötzlich schwebte ich. Ich erschrak fürchterlich und öffnete die Augen. Ich war mir sicher, drei oder vier Meter über meinem Kissen zu hängen. Doch zu meiner Ernüchterung stellte ich fest, dass ich mich nach wie vor auf dem Boden befand – genau wie die Männer um mich herum. In den nächsten Tagen versuchte ich, meine Schwebe-Erfahrung zu wiederholen, doch es misslang mir. Bis heute habe ich es nie wieder geschafft, diesen Zustand zu erreichen.

Die Reihen lichteten sich immer weiter. Nun blieb jeder vierte Platz leer. Das hatte einen gewaltigen Vorteil: Wer es bis hierher geschafft hatte, furzte, rülpste und rotzte nicht mehr. Jeder saß erhaben und elegant auf seinem Kissen und hätte Buddha sein können. Ich auch. Vielleicht. Wer weiß, wie viele von den Männern mental gerade schwebten. Ich hätte es jedem einzelnen ohne Zögern zugetraut. Ich kannte keinen einzigen meiner Mitmeditierenden. Doch sie alle waren mir ans Herz gewachsen. Jeder hatte sich getraut, aus dem Alltag auszubrechen und eine Alternative zu suchen, sei es aus Neugierde, Flucht, Verwirrung oder Zwang. Jeder drückte in seiner Meditation etwas Edles aus. Spirituelles oder religiöses Getue fand hier keinen Raum. Hier herrschte die rohe Wahrheit der Meditation. Ungeschönt, ungekünstelt, schmucklos und echt.

Für die letzten beiden Tage dieser Vipassana nahm ich mir vor, alle Erfahrungen zuzulassen. Alle. Es sollte die beste Zeit meines Lebens werden. Ich wartete auf das Leid – es kam nicht. Ich wartete auf das Unglück – es kam nicht. Ich wartete auf den Unfrieden – er kam. In vollem Ausmaß. Und er verging, ohne eine Spur zu hinterlassen. Das gleiche galt für Schmerz, Hunger und Unruhe. Sie kamen, sie gingen, sie hinterließen nichts. Wir haben ebenso wenig Einfluss auf unser Gesamtpaket an Gefühlen, Gedanken und Empfindungen wie auf den Flug eines Vogels am Himmel. Aber wir können entscheiden, wie wir mit diesen Erscheinungen umgehen.

Ich wusste, dass diese Einsicht den entscheidenden Unterschied in meinem Leben machen konnte und gleichzeitig nichts änderte. Sie würde irgendwann wieder vergessen sein. Also genoss ich diesen Augenblick wie eine Liebe, die auf dem Sprung zurück in ihr eigenes Leben ist.

Am letzten Tag gab uns Goenka mit auf den Weg, Liebe zu verbreiten, und zwar auf der ganzen Welt. Ich fand das kitschig und überzogen, war aber nach den zehn Tagen so weichgekocht, dass ich das Konzept gern anwendete. Von nun an sollten wir ein Leben führen, dessen Grundlagen moralisches Verhalten, Herrschaft über den eigenen Geist und Reinheit des eigenen Lebens sein sollten. Wir hätten ein kleines Pflänzchen gesät und müssten jetzt achtgeben, diese Pflanze nicht vertrocknen zu lassen. Mit dem Wachsen der Pflanze würde eine Erneuerung unseres Lebens stattfinden. Es gäbe niemand, dessen Leben nach Vipassana nicht besser geworden wäre. Dies versprach uns Goenka via VHS, verstummte und entließ uns in die verrückteste aller Welten jenseits der tristgrauen Hallen der Vipassana.

Woher kommt die Methode?

Vipassana ist älter als Buddha – also über 2500 Jahre. Buddha verbreitete die Lehre im asiatischen Raum, bis sie etwa dreihundert Jahre später größtenteils verloren ging. Die reine Form überlebte lediglich in wenigen asiatischen Klöstern. Damals gab es die Prophezeiung, dass Vipassana 2500 Jahre nach Buddha wiederentdeckt und auf der ganzen Welt verbreitet werden würde.

In den Sechzigerjahren lernte der Geschäftsmann S. N. Goenka Vipassana in Burma kennen, dem heutigen Myanmar. Er gehörte der indischen Minderheit des Landes an. Goenka litt entsetzlich unter Migräne und hatte von einem Bekannten erfahren, dass diese zehntägige Meditation Abhilfe verschaffen könnte. Also machte Goenka seine erste Vipassana – und seine Migräne war verschwunden. Er lebte von da an mehrere Jahre als Schüler in einem Kloster und ließ sich zum Vipassana-Lehrer ausbilden. Schließlich bekam er von seinem Meister U Ba Khin den Auftrag, Vipassana in die Welt zu tragen. Goenka ging nach Indien und unterrichtete die ersten Schüler. Die Prophezeiung erfüllte sich; innerhalb weniger Jahrzehnte breitete sich die Lehre auf dem ganzen Globus aus. Mittlerweile gibt es Vipassana-Zentren in fast jedem Land der Erde und Hunderttausende folgen täglich den strengen Auflagen der Meditation.

Für wen ist Vipassana geeignet?

Vipassana ist nur etwas für wirklich ambitionierte spirituelle Schüler. Wenn Sie noch gar keine Erfahrungen in der

Meditation gesammelt haben, ist Vipassana eventuell zu hart für den Einstieg. Wenn Sie allerdings die Herausforderung suchen und eine dringende Veränderung in Ihrem Leben brauchen, dann los! Auch in Deutschland gibt es ein Vipassana-Zentrum. Dort können Sie sich sofort anmelden und am nächsten freien Seminar teilnehmen. Nach den zehn Tagen wissen Sie mit Sicherheit, ob es das Richtige für Sie ist.

Was bringt das Ganze?

Für mich persönlich ist Vipassana die beste und reinste Form der Meditation. Sie kommt ohne Heiligenschein und Glorifizierung aus. Vipassana bringt Ihnen bei, die Welt so zu erkennen, wie sie tatsächlich ist – nicht, wie sie durch Ihren persönlichen Blick erscheint oder wie Sie die Welt gern hätten.

Vipassana lehrt die radikale Wahrheit – und den Gleichmut, um damit umzugehen.

Was ist so genial daran?

Einer der größten Vorteile ist, dass Vipassana für jeden zugänglich ist, denn Vipassana kostet nichts. Die Kurse basieren auf reiner Spendenbasis. Wenn Sie nach den zehn Tagen einen Beitrag leisten möchten, können Sie das tun. Es wird sich aber auch niemand beschweren, wenn Sie nichts geben. Vipassana hat tatsächlich das Ziel, Frieden in den Menschen und damit auf der Welt zu verbreiten. Es geht nicht um Profit oder Gewinnmaximierung.

Gibt es etwas Ähnliches?

Goenkas Form der Vipassana ist sehr streng. Er lässt keine Formen neben seiner reinen Vipassana gelten. Dabei können neue Techniken durchaus für alternative Neuerungen sorgen. Es gibt abgemilderte Varianten von Vipassana, zum Beispiel von Jack Kornfield. Auch die geführte einstündige *Quantum Light Breath*-Meditation von Jeru Kabbal basiert auf Vipassana. Sie führt den Meditierenden mit klassischer Musik und blumigen Bildern in die Welt der Klarheit. Dies ist der kalifornische, moderne Weg der alten Vipassana-Form, die ich als Einstieg empfehlen würde (siehe Kapitel Praktische Übungen).

Wo? Wer? Wann? Was?

Das deutsche Vipassana-Zentrum liegt im Vogtland, an der Grenze zwischen Sachsen und Bayern. Die ehemalige Kaserne ist sicherlich nicht ganz ideal als Meditationsstätte. Aber Vipassana lehrt ja, nicht auf äußere Umstände zu achten und Gleichmut zu bewahren. Also ist dieser Gegensatz vielleicht sogar förderlich.

Das Zentrum wird von Freiwilligen betrieben, die sich dem Verbreiten der Vipassana-Lehre verschrieben haben. Die Natürlichkeit und Gleichmut der Menschen dort zeigt vielleicht am deutlichsten, welche großartigen Früchte Vipassana hervorbringen kann.

Literatur, Internet, Apps und Tipps

Die abendlichen Videovorträge kann man heute auf YouTube finden. Sie können einen ersten Eindruck davon geben, welchen Gemütszustand Vipassana vermitteln soll. Goenkas Art, lieb und streng gleichzeitig zu sein, ist sehr berührend.

Hier ist der Link zum ersten Vortrag:

https://www.youtube.com/watch?v=cz7QHNvNFfA

Leider gibt es diese Videos nur auf Englisch. (Soweit man Goenkas Akzent Englisch nennen kann. Es ist eher Indlisch.) Der Mann ist in der spirituellen Welt absoluter Superstar. Der Klick lohnt sich. Versuchen Sie jedoch auf keinen Fall, Vipassana allein durchzuführen. Sie werden kläglich scheitern. Vipassana funktioniert nur in der Gruppe.

www.dhamma.org ist die Seite, auf der Sie alles über Vipassana nach der Lehre von S. N. Goenka finden. Auch die weltweit angebotenen Seminare werden angezeigt. Sie können Ihren nächsten Urlaub mit einer Vipassana-Meditation verbinden. Die Seminare werden immer sowohl in der Muttersprache des austragenden Landes und auf Englisch durchgeführt.

Wenn Sie Indien mögen, kann ich Ihnen nur raten, dort Ihre erste Vipassana zu machen; dem Land, aus dem sie stammt.

Wer eine etwas sanftere und trotzdem effektive Vipassana möchte, kann diese Methode wählen:

www.jackkornfield.com

Wenn Sie einfach mal für eine Stunde still sitzen und dabei eine hervorragend geführte moderne Meditation machen möchten, bestellen Sie sich den QLB im »Clarity Shop« auf www.clarityproject.de.

Oder Sie laden sich meinen QLB kostenlos von meiner Homepage www.gekritzeltes.de.

Hervorragende Bücher über Vipassana sind unter anderem:
William Hart: *Die Kunst des Lebens: Vipassana-Meditation nach S.N. Goenka*
Andreas Altmann: *Triffst du Buddha, töte ihn! Ein Selbstversuch*
Robert Crayola: *Vipassana Meditation: My Experiences at a 10-Day Retreat* (Englisch)

Es gibt zwei sehr sehenswerte Filme über Vipassana auf YouTube:
Doing time, doing Vipassana
https://www.youtube.com/watch?v=WkxSyv5R1sg
und
Dhamma brothers
https://www.youtube.com/watch?v=46fycKJWSKE (leider mit griechischen Untertiteln)

Der Clarity Process

»Wir sind keine menschlichen Wesen, die eine spirituelle Erfahrung machen, sondern spirituelle Wesen, die eine menschliche Erfahrung machen.«
Jeru Kabbal, Clarity-Gründer

Nachdem wir nun die kürzeste und die härteste Meditation der Welt kennengelernt haben, tauchen wir ein in die umfangreichste Übung der Spiritualität, die ich kenne: einen Prozess namens Clarity. Clarity ist ein sanfter, moderner Weg zu Klarheit und einem selbstbestimmten Leben. Bei Clarity geht es um die Kombination von östlicher Weisheit mit westlichen Therapiemethoden.

Es gibt Tausende von spirituellen Seminaren auf der ganzen Welt. Genau wie es Tausende von Gitarrenlehrern und Lernmethoden gibt. Bei der Spiritualität ist das Angebot allerdings wilder und weiter gestreut. Wir können Sexseminare oder Urschreitherapien belegen, unsere Geburt wiedererleben, unser inneres Kind kennenlernen, unsere Familie aufstellen, in der Wildnis meditieren, Sandburgen bauen (diese Meditationsform gibt es wirklich), Angstkonfrontationen durchleben, mit Puppen spielen oder kleine Zen-Gärten anlegen. Ich habe fast alle diese Therapien ausprobiert und meist nur wenige nachhaltige Erfahrungen mitgebracht (was allerdings nicht unbedingt an den Seminaren liegen muss).

Für jeden Menschen gibt es eine bestimmte Meditation oder Therapie, die genau für ihn passt. Deswegen lohnt es

sich, viel auszuprobieren. Schaden fügen die meisten Seminare nicht zu, solange Sie sich grundsätzlich psychisch gesund
fühlen. Es sei denn, Sie stochern zu lange in ihrem vergangenen Elend herum und wundern sich, dass ihr jetziges Leben
nicht besser wird.

Ich hatte großes Glück und fand ganz am Anfang meiner
spirituellen Entwicklung den Clarity Process. Er bot mir eine
perfekte, tief gehende Einführung in diese neue Welt. Der
wesentliche Vorteil von Clarity gegenüber dem breit gefä-
cherten Markt an spirituellen Wochenendworkshops ist, dass
dabei jeder Teilnehmer in kleinen Schritten und eigenem
Tempo systematisch in die verschiedenen Meditationen und
Übungen eingeführt wird.

Vor meinem ersten Clarity-Seminar wusste ich fast nichts
über Spiritualität. Naiv taumelte ich, geschüttelt von Liebeskummer und Verdruss, in dieses Seminar und entdeckte zum
ersten Mal, dass die Stimme in meinem Kopf praktisch nichts
mit der Wahrheit zu tun hatte. Wie wir alle war auch ich ein
Produkt meiner gesellschaftlichen Konditionierung: Ich
stamme aus einem guten Elternhaus. Meine Eltern führen
meist eine liebevolle, achtsame Beziehung. Wir hatten immer
genügend Geld zu Hause. Meine Brüder sind anständige, ehr-
liche Kerle. Ich wuchs behütet in einer hübschen Kleinstadt in
Ostwestfalen-Lippe auf.

Und was dachte ich darüber? Ich fand meine Eltern schrecklich, meine Brüder blöd, hasste die Kleinstadt und glaubte,
ein Opfer der grauenhaftesten Lebensumstände dieses Planeten zu sein. Ich schämte mich für meine Eltern, verachtete

ihre scheinbar problemfreie Welt; wollte alles sein, nur nicht behütet. Ich flog von der Schule, trug bis zum Abitur quasi permanent Gipse, weil ich überall aneckte, und dachte nicht ein einziges Mal darüber nach, was mit mir eigentlich los war.

Dabei hätte ich die Möglichkeit gehabt, meinen Eltern für ihre Liebe und Großzügigkeit zu danken, meine Brüder als Vorbilder und liebevolle Gefährten zu sehen, die Kleinstadt in ihrer Schönheit und heilen Welt zu lieben. Ich hätte gesunde, wertvolle Beziehungen führen können.

Wie war ich bloß auf die Idee gekommen, das genaue Gegenteil von allem Guten zu sehen und dementsprechend zu handeln? Ich hatte jeden Menschen um mich herum verschreckt, die Liebe meiner Familie und Freunde mit Füßen getreten und hatte trotz aller Voraussetzungen in meinem Leben nicht viel zustande gebracht. Ich war alles auf dieser Erde gewesen – nur kein Typ, dem man hätte vertrauen können. Ich wusste, dass ich dies ändern musste. Ich wusste aber nicht, wie. Durch großes Glück stieß ich auf den Clarity Process.

Ich hatte schreckliche Angst vor meinem ersten Workshop. Vor dem Clarity Process hatte ich nie über meine tieferen Probleme geredet. Meist tat ich so, als ob es mir gut ginge. Und wenn nicht, betäubte ich meine Gefühle.

Alle meine Ängste vor dem Seminar waren begründet – denn hier blieb mir nichts anderes übrig, als mich zu öffnen. Ich wurde von der Seminarleiterin in einem Seminarhaus im hessischen Bad Zwesten mit den Worten begrüßt: »Heute schon geatmet?« Ich kam gerade gehetzt und verkatert vom

Kölner Karneval und hatte bis dahin noch nie »bewusst geatmet«.

Die anderen Teilnehmer wirkten genauso nervös wie ich. Schon in der Vorstellungsrunde kamen einigen die Tränen. Auch ich hatte einen Kloß im Hals – warum eigentlich? Ich schluckte ihn runter und gab mich cool. Wie schon mein ganzes Leben lang.

Aber bereits in den ersten Übungen wurde klar, dass ich meine Maske hier nicht aufrechterhalten konnte. Am Vormittag des ersten Tages brach der Damm und ich heulte Tränen, die ich Jahrzehnte unterdrückt hatte. Hier durfte ich meine Fassade ablegen. Ich musste nicht stark sein. Kein cooler Typ. Nicht besser als andere, nicht stärker, größer, besser.

Wer ein Clarity-Seminar bucht, kann sicher sein, dass er über Dinge sprechen wird, die er noch nie jemandem erzählt hat. Jedoch wird kein Teilnehmer zu irgendetwas gezwungen oder vor anderen bloßgestellt. Jeder bestimmt sein eigenes Tempo und seinen Grad an Offenheit. Die Übungen helfen dabei, sich immer mehr zu trauen und sich selbst besser zu erkennen.

Die Seminar-Struktur ist straff. Es geht morgens um sieben Uhr mit Yoga los. Nach dem Frühstück beginnt die erste Session mit praktischen Übungen. Dazu kommt allerhand Theorie über die Funktion unseres Unterbewusstseins. Von 13 bis 16 Uhr ist Mittagspause. In der Nachmittagssession werden die theoretischen Erkenntnisse noch weiter und tiefer in praktischen Übungen erfahren. Nach dem Abendessen stehen bis 22 Uhr meist Entspannungsübungen auf dem Programm.

Täglich fast zehn Stunden Seminar. Clarity ist extrem intensiv und abwechslungsreich. Im Gegensatz zu anderen spirituellen Seminaren gibt es hier praktisch nie Abbrecher.

Clarity basiert auf drei Hauptpfeilern:

1. Die Trennung zwischen Bewusstsein und Unterbewusstsein
2. Das Verankern im Hier und Jetzt
3. Das Spüren des Göttlichen

Um Ihnen einen ersten Eindruck zu vermitteln, was Sie in den Seminaren erwartet, möchte ich Ihnen drei ganz einfache Übungen zu den drei Hauptpfeilern beschreiben. Sie können sie bei Bedarf sofort ausprobieren:

1. Übung: Der Dialog

Setzen Sie sich mit offenen Augen in eine aufrechte Haltung und sprechen Sie laut mit Ihrem Unterbewusstsein. Fragen Sie zum Beispiel: »Was belastet dich?« Wenn eine Antwort aufkommt, legen Sie sich auf einen vorbereiteten, weichen Platz auf dem Boden, rollen sich zusammen und beginnen, über das Problem zu sprechen. Wenn Sie das Gefühl haben, sich ausgejammert zu haben, setzen Sie sich wieder in eine aufrechte Haltung – also in die Position des Erwachsenen – und reden weiter mit Ihrem Unterbewusstsein. Zeigen Sie Verständnis und Liebe für seine Probleme. Nehmen Sie es ernst. Dann legen Sie sich wieder auf den Boden und lamentieren das nächste Problem. Nach einigen Runden werden Sie erkennen, wie viele verborgene Ängste dabei auftauchen und besprochen werden können. Sie fangen jetzt an, Ihr Unterbewusstsein besser kennenzulernen. Sie werden sehen, dass es eine Instanz in Ihrem Inneren gibt, die scheinbar ständig vor sich hinbrodelt. Es ist gut und wichtig, diesen Vulkan ein bisschen besser zu kennen, ihn ab und an ausbrechen zu lassen und mit neuer, positiver Energie aufzuladen.

2. Übung: Dankbarkeit

Gehen Sie allein oder mit einer vertrauen Person in die Natur, in einen Wald oder an einen Fluss zum Beispiel. Bleiben Sie an einem schönen Platz stehen und beginnen Sie, Dinge aufzuzählen, für die Sie dankbar sind. Wenn Sie zu zweit sind, machen Sie die Übung abwechselnd. Sie können zum Beispiel dankbar sein für Ihre Augen, mit denen Sie die Schönheit der Natur erkennen; für Ihren Atem, der Sie am Leben hält; oder für Ihre Füße, die Sie tragen. Sie können selbst entscheiden, wem oder was Sie dankbar sind. Sie werden merken, wie sich ein neues, frisches Gefühl in Ihrem Körper ausbreitet. Sorgen fühlen sich leichter, weniger gravierend an. Warum? Weil Sie Ihren Fokus auf das Hier und Jetzt richten statt auf Probleme, die bei diesem Waldspaziergang ja gar nicht anwesend sind. Durch die Übung bleiben Sie bewusst in der Gegenwart.

3. Übung: Transformation

Legen Sie sich für diese Übung auf eine Matte am Boden und schließen die Augen. Entspannen Sie alle Teile Ihres Körpers.

Dann heben Sie Ihren rechten Arm, aber lassen dabei den Ellbogen auf dem Boden. Das Handgelenk bleibt entspannt. Rufen Sie sich eine unangenehme Situation oder ein unangenehmes Gefühl ins Gedächtnis. Es kann kurze oder lange Zeit zurückliegen. Beschreiben Sie laut im Präsens, was passiert ist. Versuchen Sie, sich so deutlich in das Ereignis hineinzufinden, als würde es in diesem Augenblick stattfinden. Sie können auch weinen, klagen oder schreien, alles ist erlaubt.

Nach etwa fünf Minuten legen Sie den rechten Arm wieder hin und heben den linken. Bleiben Sie mental in derselben Situation oder demselben Gefühl. Aber jetzt verändern Sie die Geschichte: Erzählen Sie die Situation genau so, wie Sie es gern gehabt hätten. Sprechen Sie auch hier laut und im Präsens. Ihrer Fantasie sind keine Grenzen gesetzt. Seien Sie wild und lustig in der positiven Transformation. Übertreiben Sie, wie Sie wollen – bis Sie eine positive Stimmung in Ihrem Körper spüren.

Heben Sie jetzt beide Arme und halten sie mit offenen Handflächen über ihrer Brust. Spüren Sie den Energie-Unterschied in Ihren Händen. Welche Hand hat mehr Energie? Die positive linke oder die negative rechte? Wenn Sie sich nun ausgeglichen fühlen – lebendig, leichter oder gereinigt –, bleiben Sie eine Weile so liegen und genießen das neue positive Gefühl.

Natürlich ist es etwas anderes, die Übungen in einem Seminar zu machen, als sie in einem Buch zu lesen. Wenn Sie einen Reiseführer über Nizza lesen, haben Sie die Stadt ja noch längst nicht besucht. Beim Clarity Process besuchen Sie sich sozusagen selbst. Sie lernen, wie Sie und die meisten anderen Menschen ticken (Sie lernen auch, warum viele nicht richtig ticken). In praktischen Übungen können Sie Ihr inneres Pendel wieder ins Lot bringen und lernen, so zu ticken, wie es für Sie am besten und natürlichsten ist.

Bei Clarity geht es in erster Linie darum, unbewusste Schwächen und Abhängigkeiten zu erkennen. Im Laufe des Prozesses ließ ich mein altes, konditioniertes Bild von mir selbst immer weiter los. Ich lernte die natürlichen Grundprinzipien, nach denen das Leben und die menschliche Psyche funktionieren.

Meine erste Clarity-Erkenntnis war, dass es keine Vergangenheit gibt. Auch wenn das erst mal der Intuition widerspricht. Der Beweis hierfür ist so einfach, dass wir gerade deshalb daran zweifeln:

Nehmen Sie jetzt einen tiefen Atemzug – jetzt.

Und versuchen Sie jetzt, einen neuen Atemzug mit genau derselben Luft zu nehmen. Unmöglich. Der erste Atemzug ist ein für alle Mal weg und nicht reproduzierbar. Wenn Sie atmen, tun Sie es jetzt, in der Gegenwart. Sie können nichts aus der Vergangenheit wiederbeleben. Vergangenheit ist ein Mythos. Nur weil alle an den Mythos glauben, heißt das nicht, dass er stimmt. Uhrzeit existiert nur in unseren Köpfen. Wir können sie messen, berechnen und sogar fühlen. Und doch existiert sie nur als Konzept. Wir haben noch nie etwas in der Vergangenheit erlebt, die Uhr in der Vergangenheit gelesen oder in der Vergangenheit geatmet. Alles geschieht immer in der Gegenwart.

Dass Vergangenheit und Zukunft lediglich in unseren Köpfen existieren, ist für die meisten Menschen sehr schwer zu akzeptieren. Es ist nicht leicht, aus der Alltagshypnose herauszukommen. Wir identifizieren uns so stark mit unseren Erinnerungen, weil sie sich so echt anfühlen. Aber haben wir nichts Besseres zu tun, als uns ständig selbst auf die Verletzungen der Vergangenheit oder die Gefahren der Zukunft hinzuweisen? Ist die Gegenwart so öde, dass wir ihr ständig mental entkommen müssen?

Als ich dies begriffen hatte, wurde mir klar, dass alle Gedanken Sorgen ums Überleben sind. Beim Clarity Process gibt es hierfür eine einfache Übung. Dabei sollte ich einen Satz, den ich in der Mittagspause zu jemandem gesagt hatte, bis zu seinem ursprünglichen Ausgangspunkt verfolgen.

»Guck mal, da steht ein Schaf«, hatte ich zur Seminarleiterin beim Mittagessen gesagt. Also verfolgte ich diesen Satz zurück. Warum hatte ich diesen Satz gesagt? Damit sie das Schaf ebenfalls sieht. Warum möchte ich, dass sie das Schaf sieht? Damit wir etwas gemeinsam haben. Warum möchte ich, dass wir etwas gemeinsam haben? Damit ich nicht allein dastehe. Was passiert, wenn ich allein dastehe? Eigentlich nichts – außer wenn mein Unterbewusstsein immer noch glaubt, es wäre ein hilfloses Kleinkind, das allein verhungern müsste.

Wenn Ihnen diese Erkenntnis an den Haaren herbeigezogen vorkommt, machen Sie die Übung einfach selbst. Nur so werden Sie erkennen, dass am Ursprung einer langen Kette von Gedanken stets die Angst steht, nicht gemocht, gesehen oder ernährt zu werden – also zu sterben. Ich habe diese Übung mehr als hundertmal gemacht – und jeder einzelne meiner Gedanken basiert auf der Angst des Unterbewusstseins, nicht zu überleben.

Ohne es zu wissen, legte ich im Laufe der neun Tage meines ersten Clarity-Workshops die Grundbausteine für meine jetzige Lebensart. Für genau das Leben, das ich immer leben wollte; mit all seinen Höhen und Tiefen. Direkt nach meinem ersten Clarity-Workshop beschloss ich, Berlin zu verlassen, und bewarb mich beim NDR Fernsehen. Zwei Monate später zog ich nach Kiel, lernte die Frau meines Lebens kennen und habe nun zum ersten Mal in meinem Leben eine kleine Familie, die mir alles bedeutet.

Durch das Seminar konnte ich endlich wirklich verstehen, dass Auf und Abs zum Leben dazugehören. Dass ich nicht ausschließlich Glück, Freude, Zufriedenheit, Liebe und Harmonie empfinden konnte, sondern auch Stress, Unfrieden, Frustration, Langeweile, Selbsthass und Schmerz auf allen Ebenen akzeptieren musste. Erst als ich aufhörte, mich gegen diese negativen Bereiche zu wehren, entspannte ich mich. Ich hörte auf, Alkohol zu trinken und Drogen zu nehmen – ich musste ja nicht mehr vor meinen negativen Seiten flüchten. Ich konnte meine Aggressionen zulassen, ohne auf sie zu reagieren. Auch Ungeduld und Abneigung tauchten auf und verschwanden wieder, ohne dass ich ihnen Beachtung schenken musste. Ich fing an, mich bewusster und gesünder zu ernähren – mit der allgemeinen Achtsamkeit stieg auch mein Körperempfinden.

Ich betrachtete meine Beziehungen und entschied, wer mir wirklich guttat und wer mir eher schadete. Ich verlor eine ganze Menge Freunde, aber gewann auch neue hinzu. Vor allem schaffte ich es zum ersten Mal in meinem Leben, länger als ein paar Monate eine Frau zu lieben, ohne weglaufen zu müssen oder genervt zu sein.

Seit mehr als einem Jahrzehnt erlebe ich die Veränderungen durch den Clarity Process bei mir und bei vielen anderen Teilnehmern. Es wundert mich, warum der Clarity Process nicht viel bekannter ist. Ich habe viele Frauen und Männer in den Clarity-Seminaren kennengelernt, die im Laufe des Prozesses endlich für sich einstanden und ihrem unterdrückenden Partner den Laufpass gaben, den Job wechselten, ihre künstlerische Ader entdeckten, ihr Traumland fanden, körperliche Leiden verloren oder selbst zu großartigen spirituellen Lehrern wurden.

Das heißt nicht, dass all diese positiven Veränderungen zwangsweise auch bei Ihnen eintreffen werden. Aber spirituelle Seminare können uns helfen, eingeschliffene Programme abzulegen, uns neu zu orientieren und unsere Berufung zu finden. Wir erkennen, dass wir die Veränderung selbst in der Hand haben. Zumindest hat das bei mir funktioniert. Warum sollte das bei Ihnen nicht auch klappen?

Woher kommt die Methode?

Clarity wurde in den Siebzigerjahren von dem amerikanischen Psychologen Jeru Kabbal erfunden und wird bis heute immer weiterentwickelt. Er kombinierte dabei östliche Weisheit und westliche Therapieformen und Methoden. Das Einführungsseminar dauert neun Tage und ist sehr intensiv.

Jeru Kabbal war in den Siebzigern einer der Top-Trainer des indischen Gurus Osho. Viele der damaligen Jünger (Sannyasins genannt) gingen durch die Schule von Santosh, der sich später in Jeru Kabbal umbenannte. Seine Namensänderung sollte zum Ausdruck bringen, dass er sich von Osho verabschiedet hatte und nun seine eigene Methode vertrat. Clarity ist vor allem darauf ausgerichtet, Menschen aus dem westlichen Kulturkreis von ihrem Leiden zu befreien.

Jeru studierte die menschliche Psyche über vier Jahrzehnte an Tausenden von Gruppenteilnehmern und formte aus diesen Erkenntnissen seinen einfachen, aber hochwirksamen Clarity Process. Er starb im Jahr 2000. Heute werden die Seminare von seinen Schülern weiter geleitet.

Für wen ist Clarity geeignet?

Jeder kann Clarity machen. Nicht nur das – es wäre wunderbar, wenn jeder das auch wirklich tun würde! Bereits ein Seminar kann alles verändern. Clarity ist besonders geeignet für Menschen, die nicht daran glauben, dass arbeiten, fernsehen und Urlaub machen der endgültige Grund unseres Daseins sind. Menschen, die nach mehr in ihrem Leben suchen und es intensiver und freudvoller genießen wollen.

Der Clarity-Process bietet eine umfassende und systematische Methode, Klarheit und inneren Frieden zu gewinnen. Und noch dazu macht die ganze Sache Spaß!

Was bringt das Ganze?

Der Clarity Prozess kombiniert eine Reihe von praktischen Methoden und Übungen und erklärt die Lehre in einer klaren und verständlichen Sprache.

Clarity zeigt Ihnen, dass Sie auf einer tieferen Ebene bereits sind, was Sie sein möchten. Dabei verbindet es umfassendes, fundamentales Wissen um die menschliche Psyche mit spiritueller Weisheit und führt in eine direkte Erfahrung.

Was ist so genial daran?

Clarity ist einfach! Die Übungen sind logisch und unkompliziert. Clarity kommt ohne Fachchinesisch, Eso-Geschwafel und Spiri-Getue aus. Es ist klar, wirksam und effektiv. Die Sprache ist leicht verständlich, die Methoden frei von Ballast und der gesamte Prozess an sich einleuchtend.

Bei Clarity geht es vor allem darum, aus der Alltagshypnose aufzuwachen und zu erkennen, dass wir unsere Probleme auch als hilfreiche Herausforderungen sehen können, um in unser Potenzial zu wachsen.

Clarity verwandelt selbstmitleidige Opfer in selbstbewusste Erwachsene. Es führt uns aus dem Schwelgen in der Problemwelt in die unterstützende, nährende Gegenwärtigkeit.

»Wenn der Zug des Aufwachens für dich kommt, solltest du mit gepackten Koffern am Bahngleis stehen«, sagte Kabbal einmal in einem seiner Seminare.

Viele spirituell orientierte Menschen halten nicht viel von herkömmlicher Psychologie. Und viele Menschen, die sich für Psychologie interessieren, vermissen die Spiritualität, aber tun sich gleichzeitig schwer, abstrakten Konzepten zu folgen. Für diese Zweifler ist Clarity genau richtig.

Wo? Wer? Wann? Was?
Clarity-Seminare werden mehrmals im Jahr in verschiedenen Orten in Deutschland angeboten. Die weiterführenden Workshops finden teilweise in Spanien oder Italien statt, einer davon sogar auf Bali. Es gibt keine Beschränkungen bezüglich Alter, Religion, Geschlecht oder Bildungsgrad. Das ist der schöne Unterschied zur Berufswelt.

Das neuntägige Einsteigerseminar kostet circa achthundert Euro plus Unterkunft. Damit ist Clarity tatsächlich relativ günstig im Vergleich zu anderen spirituellen Seminaren der gleichen Länge, die unter Umständen sehr viel weniger bieten und bewirken. Ich persönlich habe das Geld, das ich früher in Alkohol und Drogen steckte, durch die Clarity-Seminare in meine persönliche Entwicklung investiert. Ich bereue keinen Cent.

Literatur, Internet, Apps und Tipps
Unter dieser Adresse finden Sie alle relevanten Informationen: www.clarityproject.de

Bei den Seminarleitern gibt es natürlich Unterschiede. Folgen Sie Ihrer Intuition. Sie können nichts verkehrt machen.

Als Buch empfehle ich *Quantensprung zur Klarheit*, das noch vom Clarity-Gründer Jeru Kabbal selbst geschrieben und erst nach seinem Tod veröffentlicht wurde.

Praktische Übungen

»Man muss als Zwerg das tun, was die Riesen nicht können.«
Niki Lauda, Rennfahrer

Immer mehr Menschen suchen Lösungen für zu wenig Zeit, zu viel Stress und ein Leben, das trotz aller Bemühungen irgendwie nicht so läuft, wie sie es gern hätten. Marketing-Leute, Arbeitslose, Hausfrauen, Teenies und Rentner üben sich deshalb in Meditation – dem einfachen Weg, sich eine Pause zu gönnen. Man muss sich nur für eine bestimmte Zeit aus dem Alltagsleben zurückziehen, hinsetzen, still werden, die Konzentration nach innen richten und spüren, wie Körper und Geist auf diese simple Übung reagieren.

Spirituelle gehen davon aus, dass wir den ganzen Tag Anspannung und Stress ansammeln und in unseren Körperzellen speichern. Den meisten Menschen steht ihre Anspannung ins Gesicht geschrieben. Ihre negativen Gedanken, ihre Sorgen und ihr Hochdruckleben zeigen sich vor allem um den Mund und die Augen herum. Da wir in einer recht eitlen Zeit leben, ist es kein Wunder, dass Meditation, Wellness und bewusste Entspannung immer beliebter werden. Allein weil wir alle besser aussehen wollen.

Die folgenden Übungen sollen Ihnen dabei helfen, sich zu entspannen und der Sorgenmaschine in Ihrem Innern für ein paar Minuten keinen Treibstoff mehr zu liefern. Wenn Ruhe in Ihrem Kopf herrscht, entspannt sich auch Ihr Körper. Und im Zustand der Entspannung erkennen wir, dass es hier, in diesem Moment, kein Problem gibt.

Wenn Sie genau mit dieser Erkenntnis Schwierigkeiten haben oder Ihre Gedanken nicht ausschalten können, sind die folgenden Entspannungsübungen umso wichtiger.

Meditation kann Ihnen helfen, fokussierter und effizienter bei der Arbeit zu sein, Stress zu reduzieren und gelassener zu werden. Vielleicht helfen Ihnen diese Übungen auch, dankbarer für das zu sein, was Sie haben. Vielleicht hilft Ihnen Meditation, Ihr Leben infrage zu stellen. Leben Sie so, wie Sie möchten? Oder leben Sie so, wie es andere möchten?

Erwarten Sie keine Wunder. Wenn Sie einen Deckenventilator abschalten, wird er trotzdem eine Zeitlang weiterdrehen. Es dauert, bis er sich beruhigt hat. Genauso ist es bei der Meditation mit unserem Verstand und seinen Programmen und Angewohnheiten.

Wenn Spiritualität zu Ihrem Hobby wird, verändert sich etwas. Sie werden mehr Zeit mit Meditation verbringen wollen; beim Kochen spirituelle Musik hören, beim Spazierengehen achtsam und dankbar sein, beim Sex kurze Momente des Nicht-Denkens nehmen oder beim Autofahren Vorträge der großen Meister hören.

In diesem Kapitel werde ich Ihnen fünf recht kurze Meditationen vorstellen, die Sie auch auf meiner werbefreien Homepage www.gekritzeltes.de/meditation kostenlos herunterladen können.

Suchen Sie sich einen ruhigen Platz, an dem Sie nicht gestört werden. Unterbrechen Sie die Meditation für keine anderen Aufgaben. Stellen Sie Ihr Handy aus, gehen Sie vorher noch mal auf die Toilette, machen Sie alle kleinen Erledigungen und bleiben Sie während der Zeit der Meditation ausschließlich bei der Meditation. Auch wenn Ihr Kopf rumort und Sie glauben, noch etwas vergessen zu haben. Wenn Ihre Gedanken wild kreisen und Sie glauben, sich nicht auf die Meditation konzentrieren zu können, bleiben Sie einfach sitzen und folgen der Übung, die Sie sich ausgesucht haben. Die Unruhe ist ein Ablenkungsmanöver Ihres Verstands. Hören Sie ausnahmsweise nicht auf ihn, sondern warten Sie den inneren Sturm ab. Er wird sich legen, so wie jeder Sturm.

1. Entspannung

Body Scan

Für diese Übung legen Sie sich bequem auf den Rücken und stellen Ihren linken Unterarm auf. Nehmen Sie drei tiefe Atemzüge und richten Ihre Aufmerksamkeit nach innen. Spüren Sie Ihren Körper. Nehmen Sie das Heben und Senken Ihres Brustkorbs wahr, fühlen Sie, wo genau der Atem Ihren Körper verlässt.

Wenn Sie meinen, dass etwas Ruhe in Ihrem Kopf herrscht, konzentrieren Sie sich auf Ihren großen, rechten Zeh. Versuchen Sie, den Zeh zu spüren, bis vielleicht ein kleines Kribbeln entsteht.

Sobald Sie den großen Zeh gespürt haben, machen Sie eine kleine Bewegung mit dem Zeigefinger Ihrer linken Hand. Dieses Zeichen dient erstens dazu, nicht einzuschlafen. Zweitens hilft es Ihrem Körper, ein Körperteil zu verlassen und mit der Konzentration zum nächsten zu gehen.

Versuchen Sie nun, den zweiten Zeh zu spüren. Sie werden feststellen, dass diese Übung bereits viel »Feingespür« erfordert. Wenn Sie den zweiten Zeh gespürt haben, machen Sie erneut die kleine Bewegung mit dem Zeigefinger der linken Hand. Dann wandern Sie mental zum dritten Zeh.

Auf diese Weise durchlaufen Sie Ihren gesamten Körper: Zehen, Fußsohle, Fußrücken, Verse, Unterschenkel, Knie, Oberschenkel. Dann machen Sie das Gleiche auf der linken Seite. Anschließend versuchen Sie Ihre Genitalien und den

Anus zu spüren. Danach durchlaufen Sie die Vorderseite Ihres Oberkörpers, die Rückseite, den rechten und den linken Arm und schließlich den Hals, den Kopf und das Gesicht. Sie enden auf der Stirn.

Sobald Sie Ihre Stirn spüren, stellen Sie sich vor, Sie wären ein ruhiger See. Als würde Ihr Schädel die Uferbegrenzung eines Bergsees bilden. Das Gehirn in der Mitte schwimmt in ewiger Stille und unerschütterlichem Gleichmut in der Ewigkeit. Vielleicht schaffen Sie es in diesem Zustand sogar, ruhige Wellen durch Ihren Körper zu senden. Lassen Sie Energie von Kopf bis Fuß und wieder zurück laufen.

Bleiben Sie bei dieser Vorstellung, bis tiefe Ruhe einkehrt. Nutzen Sie den Zustand der wachen, bewussten Entspannung.

Ich schlage Ihnen vor, den Body Scan zunächst nach Anleitung zu probieren – www.gekritzeltes.de/meditation.

Erst wenn Sie mehr Übung in Meditation haben, sollten Sie den Körper-Scan allein durchführen. Dies hätte unter Umständen einen tieferen Effekt, weil Sie in Ihrem persönlichen Tempo vorgehen können. Gleichzeitig hat es den Nachteil, dass Sie sich leichter in Gedanken verlieren werden und plötzlich gar nicht mehr wissen, bei welchem Körperteil Sie zuletzt waren.

Sie können diese Übung auch als Einschlafhilfe nutzen, wenn Sie unter Schlafstörungen leiden. Selbst wenn Sie nicht sofort Schlaf finden, können Sie die ruhige, stille Zeit in Ihrem Bett genießen und konkret an der Entspannung Ihres

Körpers arbeiten. Machen Sie ruhig einen Durchlauf nach dem anderen vom großen Zeh bis zum Kopf und wieder zurück. Es gibt Studien, die zeigen, dass dreißig Minuten bewusste Entspannung ungefähr zwei Stunden Schlaf ersetzen. Aber probieren Sie es selbst aus.

2. Sound-Meditation

**iAwake Technologies – Regengeräusche gegen
schlechte Laune**
Vor ein paar Jahren litt ich dauerhaft unter schlechter Laune,
war niedergeschlagen und wenig lebensfroh. Manche Menschen würden von einer Depression sprechen. Es gab dafür
eigentlich keinen ersichtlichen Grund. Es hatte sich in meinem Leben nichts verändert. Ich lebte mit meiner Familie
weiterhin in Kiel, führte meine eigene Firma, spielte Tennis,
meditierte ab und zu und es mangelte mir an nichts.

Und trotzdem schlich sich eine seltsame Unzufriedenheit
in mein Leben. Ich fühlte mich teilweise unterfordert und
wünschte mir eine neue Herausforderung. Nach meinen vielen Meditationserfahrungen wusste ich, dass dafür schon
gesorgt werden und das Richtige irgendwann für mich anklop-
fen würde. Es klopfte aber nicht. Und so wuchs meine Unzufriedenheit. Und nach und nach wurde ich zu einem ziemlichen
Arschloch.

Zum Glück rief mich eine langjährige Freundin an. Als
ich ihr von meinem Zustand erzählte, erklärte sie mir eupho-
risch, dass es ihr auch schon mal so gegangen sei. Sie habe
sich fürchterlich niedergeschlagen und entmutigt gefühlt, als
sie durch Fügung (sie ist sehr spirituell und vermeidet das
Wort »Zufall«) auf eine Meditationstechnik aus den USA
gestoßen sei. Die Methode stamme von einer Firma namens
iAwake Technologies. Sie bestehe darin, dass man einfach nur
dem aufgenommenen Prasseln von Regen zuhöre und dabei

bestimmte Beats auf sein Hirn einwirken lasse. Man könne die zwanzig Minuten Regensound auf der Website kostenlos runterladen.

»Du wirst sehen«, sagte die Freundin, »dass es dir schon nach zwanzig Minuten besser geht. Das sind zwanzig Minuten Hirn-Orgasmus. Garantiert!«

Laut eigener Beschreibung benutzt iAwake akustische Frequenzen und musikalische Vibrationen, um Gehirnwellen wieder zurück auf harmonische Bahnen zu lenken. Es ist, als säße in einem depressiven Gehirn ein Drummer, der den Rhythmus verloren hat. Die iAwake Brainwaves sollen diesem Drummer helfen, zurück in den Takt zu finden. Anscheinend haben es ein paar amerikanische Wissenschaftler geschafft, Gehirnwellen und menschliche Biofelder auszumessen und in Rhythmen zu verwandeln. Sie führen auf ihrer Homepage sogar wissenschaftliche Studien auf.

Ich lud mir also die kostenlosen zwanzig Minuten herunter, trank wie empfohlen ein Glas Wasser und setze mir Kopfhörer auf. Ich hockte mich auf mein Meditationskissen, schloss die Augen und hörte Regenprasseln zu. Im Hintergrund wummerte ein Rhythmus. Schon nach wenigen Minuten driftete ich mental ab. Ich war überall mit meiner Konzentration, nur nicht beim Regenprasseln. Ein bisschen später wanderte mein Bewusstsein in diesen Alpha-Zustand – die Sphäre zwischen Wachen und Träumen.

Nach ungefähr zehn Minuten spürte ich seltsame Angstzustände. Ich öffnete sogar die Augen, ob nicht ein Axtmörder vor mir stünde. Nach einer Viertelstunde änderte sich der

Rhythmus. Ich wurde daraufhin unruhig und spürte einen starken Bewegungsdrang. Ich wehrte mich dagegen. So eine Wirkung hatte ich noch nie erlebt. In den letzten drei Minuten wurde der Rhythmus sanfter und ich innerlich ruhiger. Der Regen prasselte hingegen ununterbrochen fort.

Als er nach zwanzig Minuten verebbte, fühlte ich mich, als wäre ich gerade aus dem Meer gestiegen. Da alles auf einer halb-unterbewussten Ebene stattgefunden hatte, war ich mir nicht sicher, was diese Meditation gebracht hatte. Waren diese seltsamen Angstzustände und das anschließende Gefühl der Frische und Sauberkeit vielleicht nur Einbildung gewesen?

Ich stand auf und bereitete für meine Familie das Abendessen zu. Es ging mir tatsächlich besser. Ich war nicht auf die gleiche plötzliche Art »geheilt« wie meine Guru-Freundin, aber ich fühlte mich entspannter und ausgeglichener. In den nächsten Tagen erledigte ich meine Arbeit, schrieb an dem Manuskript für mein nächstes Buch, traf mich mit Freunden zum Kaffeetrinken, überlegte mir neue Ideen für meine Firma und meine gedrückte Laune und Unzufriedenheit rückten nach und nach in den Hintergrund. Allerdings gab ich nicht viel auf die Erfahrung mit dem Prasselregen und schrieb das anderen Umständen zu.

Nach und nach schlichen sich die schlechten Gefühle wieder zurück in mein Leben. Ich war wieder schlapp, abgeschlagen, missmutig und insgesamt ein ziemliches Arschloch.

Zum Glück lebe ich mit zwei intelligenten Frauen zusammen. Lilly, die Tochter meiner Freundin, erinnerte sich, dass ich ihr von dieser komischen Meditation erzählt hatte. »Hör dir doch noch mal diesen Regen an«, schlug sie vor.

Zum Glück hörte ich auf sie. Meine schlechte Laune und Niedergeschlagenheit waren sofort wieder weg. Zwanzig Minuten Regen und Rhythmus genügten.

Hier können Sie die Sound-Meditation und das Regenprasseln selbst ausprobieren:

www.iawaketechnologies.com

Nach dem wiederholten Erfolg kaufte ich mir für über hundert Euro gleich ein ganzes Paket auf der Homepage von iAwake Technologies und saß monatelang morgens und abends im Schneidersitz und lauschte rhythmischem Regenprasseln. In dieser Zeit war ich tatsächlich sehr kreativ und fokussiert. Wenn ich heute wieder einmal den Faden in meinem Leben verliere oder schlechte Laune und Niedergeschlagenheit im Anmarsch sind, setze ich meine Kopfhörer auf und lausche mit Wonne dem Wummern.

3. QLB – Quantum Light Breath

Vipassana auf Kalifornisch

Die QLB-Meditation habe ich bereits im Kapitel über Vipassana erwähnt. Diese einstündige dynamische Meditation ist eine Erfindung von Clarity-Gründer Jeru Kabbal. QLB steht für Quantum Light Breath und heißt übersetzt so viel wie »Elementarteilchen-Licht-Atmung«. Kabbal entwickelte diese Meditation aus der ursprünglichen Vipassana-Form und veränderte sie auf kalifornische Weise. Er hat dem Ganzen also ordentlich Drive gegeben.

In der QLB-Meditation soll klassische Musik den Meditierenden emotional unterstützen. So ertönt bei einem sehr intensiven QLB zum Beispiel der »Chor der Gefangenen« aus Verdis *Nabucco* in seiner bombastischen Wirkung.

Der QLB ist in drei Phasen eingeteilt. Er beginnt mit einer ruhigen Phase, in der man sehr tief und gleichmäßig atmet. Dann folgt eine schnelle, chaotische Atemphase, die den Körper mit Sauerstoff übersättigen soll. In der dritten Phase atmet man wieder ruhig, aber noch tiefer und majestätischer.

Der QLB ist eine der effektivsten geführten Meditationen, die ich bisher erlebt habe. Bei meinen ersten dreißig QLBs musste ich immer heulen. Die freigesetzte Energie und die Emotionen waren kaum zum Aushalten. Erst als ich im Laufe meiner spirituellen Jahre ausgeglichener und stabiler wurde, konnte ich den QLB in seiner reinen Form genießen und neben der Reinigung auch Kräfte sammeln und im Alltag anwenden.

Ich stelle Ihnen auf www.gekritzeltes.de einen QLB kostenlos zur Verfügung. Ich habe diese Meditation produziert, weil ich mir vorgenommen habe, dass Ihnen durch dieses Buch von meiner Seite keine weiteren Kosten entstehen. Sollten Sie bereit sein, 18,50 Euro in Ihre spirituelle Entwicklung zu stecken, können Sie eine QLB-Meditation auch direkt von Jeru Kabbal auf http://www.clarityproject.de/de/clarity-shop bestellen. Da Kabbal den QLB erfunden, entwickelt und perfektioniert hat, ist die Wirkung seiner selbst gesprochenen Meditationen am intensivsten. Viele Aufnahmen sind live und haben daher eine sehr direkte und lebendige Wirkung. Zum Einstieg empfehle ich Ihnen den QLB1.

Die QLB-Meditation ist quasi eine Weiterentwicklung der uralten Vipassana für das Internetzeitalter. Vipassana 2.0.

4. Die Fantasiereise

Mentales Kokain für die Zukunft

Es gibt verschiedene Arten der Fantasiereise. Am einfachsten ist es, wenn Sie Ihre Reise allein antreten. Legen Sie sich bequem hin, schließen Sie die Augen und konzentrieren sich auf Ihren Atem. Entspannen Sie wie zu Beginn jeder Meditation Ihren Geist und Körper. Lassen Sie Gedanken vorbeiziehen und schenken ihnen keine besondere Aufmerksamkeit.

Sobald Ruhe eingekehrt ist, fangen Sie an, sich Ihre Zukunft auszumalen. Sprechen Sie laut und deutlich über Ihren Traumjob, den Ort, an dem Sie am liebsten leben möchten, den Partner, den Sie gern hätten, oder das Auto, das Sie fahren wollen.

Das laute Sprechen ist wichtig, damit Sie sich nicht in Gedanken verlieren – es sei denn, Sie neigen zu Selbstgesprächen.

Lautes, deutliches Sprechen dient als Anker in der Gegenwart. Es hilft außerdem, das Gesprochene realistischer erscheinen zu lassen.

Halten Sie sich bei Ihrer Fantasie nicht zurück. Schweifen Sie aus, spinnen Sie rum, seien Sie wild und verrückt. Malen Sie sich Ihren Traum in den schönsten Farben aus, gestalten Sie Ihre Zukunft schillernd, lassen Sie Milch und Honig fließen, steigen Sie mit Ihrem Traumpartner ins Bett, wohnen Sie in einem Schloss, gehen Sie mit Barack Obama angeln.

Sobald Sie das Gefühl haben, das Reich der Fantasie ausschöpfend erkundet zu haben, werden Sie konkret. Jetzt nehmen Sie sich ein direktes Ziel vor. Sei es Ihr Job, Ihre Beziehung, Ihre Kinder oder Ihre Figur. Malen Sie sich realistisch und trotzdem schillernd aus, wie Ihr Leben in Zukunft besser aussehen könnte. Erfolgreicher, zufriedener oder entspannter. Seien Sie auch hier kreativ.

Wenn Sie nach einer halben Stunde das Gefühl haben, Ihre Zukunft blumig und wunderbar visualisiert zu haben, legen Sie Ihre Hände auf den Bauch, lauschen Ihrem Atem und danken Ihrer Fantasie. Stehen Sie dann langsam auf und versuchen so häufig wie möglich im Laufe des Tages an Ihre Fantasiereise und den dahinterstehenden Wunsch zu denken. Je intensiver Sie das tun, desto besser.

Eine zweite Möglichkeit ist, diese Reise mit einem Partner zu machen. Legen Sie sich hierfür in den Schoß Ihres Partners, einer Freundin oder eines Freunds und gehen genauso vor wie oben beschrieben. Dieses Mal darf Ihnen der Partner aber bei der Fantasie helfen. Er darf Ihre Zukunft noch blumiger machen, noch wilder und verrückter. Manchmal ist es von außen leichter, anderen bei ihrer Fantasie unter die Arme zu greifen. Das müssen Sie am besten selbst ausprobieren. Wenn Sie jemanden kennen, der spirituell offen und kreativ ist, könnte diese Partnerübung eine tiefere Wirkung entfalten.

Eine dritte Möglichkeit ist die geleitete Fantasiereise. Eine solche Übung finden Sie auf meiner Homepage www.gekritzeltes.de/meditation.

5. Schlaf-Yoga

Yoga Nidra – im Schlaf ans Ziel

Erleuchtung im Schlaf. Das wäre ja ein Traum. Und ein bisschen so funktioniert es tatsächlich. Dabei ist diese Übung leider nicht traumwandlerisch einfach, sondern die schwerste hier aufgeführte Meditation.

Schlaf-Yoga klingt zunächst nach Hokuspokus, aber genau den größten Skeptikern rate ich, diese Übung zu testen.

Yoga Nidri ist eine in Tibet, Indien und Nepal seit jeher bekannte Praxis. Während des Schlafs wird dabei das gleiche Bewusstsein wie beim Wachzustand aufrechterhalten. Es geht darum, sich während des Träumens bewusst zu sein, dass man träumt. Das wird auch luzides Träumen genannt. Der geübte Yogi Nidra kann dabei die offene und surreale Traumwelt beobachten und vor allem beeinflussen. Vielleicht erinnern Sie sich, dass Sie diese Fähigkeit als Kind besaßen und sie dann im Laufe der Jahre verloren haben.

Bei Yoga Nidra geht es nicht darum, tatsächlich einzuschlafen, sondern in psychischen Schlaf zu fallen – so heißt tiefe Entspannung in der Yoga-Welt (obwohl einige Yoga-Nidra-Anhänger behaupten, die Meditation wirke sogar im Tiefschlaf). Im psychischen Schlaf erreichen Sie tiefere Bewusstseinsebenen.

Am Anfang der Meditation versuchen Sie, körperliche und mentale Aktivitäten zur Ruhe kommen zu lassen. Machen Sie hierfür gern ruhige, sphärische Musik an. Geben Sie zum Beispiel »Meditation Ambient Music« bei YouTube ein. Hier finden Sie passende Musikstücke.

Legen Sie sich anschließend in Shavasana, in die Ruhestellung. Also auf den Rücken, alle Gliedmaßen von sich gestreckt. Decken Sie sich mit einer leichten Decke zu, weil der Körper beim Schlaf-Yoga schnell friert. Richten Sie sich so ein, dass Sie ungestört sind und für eine halbe Stunde regungslos liegen bleiben können. Jede Bewegung würde die Meditation stören. Halten Sie Ihre Augen bis zum Ende von Yoga Nidra geschlossen. Ihre Handflächen richten Sie nach oben.

Achten Sie auf Körper und Atem und bleiben Sie dabei konzentriert und wach. Spüren Sie, wie Ihr Körper von der Unterlage getragen wird. Bleiben Sie so lange wie möglich mit Ihrer Aufmerksamkeit im Innern Ihres Körpers. Stellen Sie sich vor, dass Sie Gewicht, seelische Last und bedrückende Gedanken nach unten, an die Erde, abgeben.

Sagen Sie im Stillen dreimal: »Ich übe jetzt Yoga Nidra und bleibe ganz wach.« Lassen Sie Gedanken vorbeiziehen, ohne ihnen Bedeutung zu geben. Die Konzentration auf den Atem, insbesondere das bewusste Ausatmen, hilft Ihnen, sich von Alltagssorgen zu lösen. Auf diese Weise kultivieren Sie ein tiefes Gefühl der inneren Ruhe, die von Gefühlen und Gedanken von außen nicht betroffen ist. Investieren Sie bis zu zehn Minuten in die Entspannung des Körpers.

Anschließend scannen Sie (wie im Body Scan) die einzelnen Körperteile mental ab. Fangen Sie beim großen Zeh Ihres rechten Fußes an und enden wieder auf der Stirn. Zum Schluss versuchen Sie, Ihren ganzen Körper zu spüren. Nehmen Sie die Energie wahr, die Ihren Körper zum Leben bringt.

Konzentrieren Sie sich immer wieder auf den Atem und lassen bewusst körperliche, emotionale und mentale Anspannung los.

Das Ideal ist, jetzt langsam den Alpha-Zustand zu erreichen – die Phase zwischen Wachen und Träumen. Diesen Zustand dauerhaft beizubehalten, ist allerdings eine Kunst, die trainiert werden muss. Aber keine Sorge: Yoga Nidra wirkt auch ohne Alpha-Zustand.

Wenn Sie eine wirklich tiefe Entspannung spüren, folgt Ihr Sankalpa – Ihr Vorsatz, Ihr Entschluss. Sie beschreiben laut und in einem kurzen, einfachen und positiven Satz die Veränderung oder eine neue Qualität, die sie durch Yoga Nidra erreichen möchten.

Sagen Sie diesen Satz dreimal laut und mit fester Überzeugung auf. Zum Beispiel: »Ich möchte mich ab jetzt gesund ernähren« oder »Ich möchte ein ausgeglichener, freundlicher Mensch sein« oder »Ich werde ab jetzt jeden Tag eine Entspannungsübung aus diesem tollen Buch machen«.

Nehmen Sie sich für Ihr Sankalpa fünf oder sogar zehn Minuten Zeit. Es ist wichtig, ruhig durch diese Übung zu gehen. Hektik haben wir im Alltagsleben schon genug. Je mehr Zeit Sie sich lassen, desto besser wirkt Yoga Nidra. Das Sankalpa braucht einen festen Entschluss und mehrere Wiederholungen, um sich in unserem Willen zu verankern.

In Ihrer Vorstellung spülen Sie Ihren Vorsatz in jede Körperzelle, bis Sie das Gefühl haben, eins mit Ihrem Ziel zu sein.

Bleiben Sie mit Ihrer Aufmerksamkeit im Körper und spüren Sie, welche Teile den Boden berühren: Fersen, Unterschenkel,

Oberschenkel, Pobacken, Rücken, Schulterblätter, Kopf. Bleiben Sie weiter im Körper, achten Sie auf Ihren Atem.

Stellen Sie sich jetzt einen schönen Ort in der Natur vor; einen Strand, einen See oder eine Lichtung im Wald. Lassen Sie das Bild ganz natürlich aufsteigen. Versuchen Sie jetzt, Ihren Körper in genau der Stellung, in der Sie sich gerade befinden, an diesem Ort zu sehen. Ganz entspannt und bewegungslos.

Erinnern Sie sich an Ihr Sankalpa. Sagen Sie sich den gleichen Satz erneut dreimal auf, dieses Mal aber still, in Ihrem Innern. Verbinden Sie Ihren Vorsatz mit dem Bild aus der Natur und Ihrem entspannten Körper. Kultivieren Sie das positive Gefühl, die schöne Natur und Ihren Vorsatz.

Der Trick besteht darin, Ihren Vorsatz mit einem positiven Gefühl oder einem schönen Ort zu verbinden. Dann wird sich Ihr Unterbewusstsein an dieses Gefühl oder den Ort zurücksehnen und gleichzeitig Ihren Vorsatz erfüllen wollen.

Legen Sie zum Schluss Ihre Hände auf den Bauch, achten Sie auf die Bewegung des Atems und öffnen Sie langsam Ihre Augen. Bringen Sie Bewegung in Ihren Körper, richten Sie sich auf und danken sich selbst, dass Sie diese Übung gemacht haben.

Insgesamt dauert Yoga Nidra etwa dreißig Minuten. Die ersten zehn Minuten nutzen Sie, um Ihren Körper und Geist zu beruhigen. Die nächsten fünfzehn Minuten widmen Sie Ihrem Sankalpa. Die letzten fünf Minuten dienen dem Manifestieren Ihres Vorsatzes und dem langsamen Zurückkommen in den Raum, in dem Sie sich befinden.

Woher kommen die Methoden?

Alle fünf Methoden bauen auf Techniken auf, die schon seit sehr langer Zeit bestehen. Auch iAwake Technologies mit ihrem wummernden Regenprasseln baut auf einem alten Prinzip auf. Seit Menschengedenken gibt es Musik und Rituale, die auf Tanz, Rhythmen oder Singen beruhen.

Die Körperentspannung, die Fantasiereise und der QLB haben alle ihre Wurzeln im Yoga, das vor über dreitausend Jahren in Indien entstand. Vieles daraus wurde in der Osho-Bewegung für Westler aufbereitet. Osho verstand es, traditionelle östliche Meditationen so zu verändern, dass sie für gestresste moderne Menschen westlicher Länder attraktiv wurden.

Für wen sind die Meditationen geeignet?

Ich empfehle alle Techniken vor allem Menschen, die kopfgesteuert sind, die nie still sein können oder unter viel Stress leiden. Für solche Menschen sind diese Meditationen ein ausgezeichnetes Mittel, um Entspannung, innere Ruhe und Stabilität zu finden. Sie müssen endlich mal nicht ihren Verpflichtungen nachkommen und dürfen sich ausruhen, entspannen und zu sich kommen. Und das auch noch ohne Druck.

Was bringt das Ganze?

Wie bei allen Formen der Bewusstwerdung besteht die Gefahr, dass wir an uns selbst scheitern. Mir ist es jahrelang so ergangen. Ich probierte eine Methode aus, wenn es mir schlecht ging. Sobald es mir besser ging, legte ich die Methode beiseite.

Alle fünf in diesem Kapitel gelisteten Übungen sind keine dauerhaften Heilsbringer. Sie wirken alle prompt, zuverlässig und leicht. Vielleicht kann ich diese Techniken mit einem guten Schmerzmittel vergleichen. Wenn Sie Kopfweh haben, schlucken Sie eine Aspirin und der Schmerz verschwindet meist. Wenn er wieder auftaucht, schlucken Sie die nächste. Manchmal gehen die Kopfschmerzen für immer weg und Sie müssen nie wieder eine Aspirin nehmen. Kehren die Schmerzen allerdings regelmäßig zurück, sollten Sie nach der Ursache Ihrer Kopfschmerzen suchen. Vielleicht ist Ihre Nackenmuskulatur verspannt oder Sie haben Stress auf der Arbeit oder mit Ihrer Familie, vielleicht haben Sie auch etwas viel Schlimmeres. Dann müssten Sie einen Arzt aufsuchen oder eine längere Therapie oder Kur machen. Da helfen keine Kurzlösungen.

Der Unterschied zwischen diesen Übungen und Aspirin ist, dass Meditationen meines Wissens keine Risiken und Nebenwirkungen haben.

Worauf Sie bei spirituellen Seminaren achten müssen

»Hüte dich vor Hunden von vorn, vor Pferden von hinten und vor frommen Menschen von allen Seiten.«
Lippische Weisheit

Die größten Meuchler der modernen Spiritualität sind spirituelle Menschen, die einen riesigen Zinnober aus ihrer neuen, *besseren* Einstellung machen. Es sind diese Typen, die mit seichter Stimme einstudierte Weisheiten zitieren und ungebetene Ratschläge geben, die ihre Spiritualität durch indische Kleidung und Räucherstäbchen zur Schau stellen und zu allem »Namaste« sagen. Menschen, die sich eine spirituelle Maske aufsetzen und glauben, ihre Unsicherheit, ihren Argwohn und ihre Gier dahinter verstecken zu müssen. Dabei kann jeder halbwegs aufmerksame Mensch genau sehen, dass es nur eine Fassade ist. Und so werden diese Heuchler in eine Schublade mit allen Spirituellen gesteckt. Sie nerven diejenigen, deren Interesse an Spiritualität echt und authentisch ist, und verschrecken gleichzeitig interessierte Außenstehende. Sie hindern diese somit daran, wirkliche spirituelle Erfahrungen zu machen.

Spiritualität ist in erster Linie eine Einstellung. Sie bedeutet nicht unbedingt, an einen Gott zu glauben. Aber fast alle spirituellen Menschen glauben an *etwas* – das Universum, etwas Höheres, Größeres; auf jeden Fall an eine geistige oder geistliche Instanz, die Teil unseres Lebens ist und alles verbindet.

Vielleicht ist diese Instanz sogar die Basis unseres Lebens, da alles Geistige im Gegensatz zum Physischen unsterblich ist. Spiritualität bedeutet, sich als Teil eines großen Ganzen zu fühlen und die Gewissheit und den Trost zu haben, dass diese verrückte Welt irgendwie und irgendwo schon ihren Sinn hat.

Der erste Kontakt mit dieser höheren Instanz fühlt sich an, als wäre man jahrelang in einer stockfinsteren Höhle gefangen gewesen, bis auf einmal ein Glühwürmchen durch die Luft schwirrt und man zum ersten Mal Umrisse und Tiefe der Höhle erahnt. Die meisten Spirituellen machen sich dann auf den Weg und suchen das Glühwürmchen – und nicht den Ausgang der Höhle. Über den stolpern sie irgendwann aber automatisch. So ist Spiritualität zumindest bei mir.

Für viele Menschen, die noch nie spirituelle Erfahrungen gemacht haben, ist Spiritualität schwer nachzuvollziehen. Was nicht zu greifen ist, ist auch nicht zu be-greifen.

Ein weiterer Grund, warum viele dieses Geistige oder Transzendente ablehnen, ist eine tief verwurzelte Angst. Wenn es eine Instanz gibt, die alles leitet und bestimmt, sind wir ihr gegenüber ausgeliefert. Dann hätten wir nichts selbst in der Hand. Das ist für viele Menschen eine unerträgliche Vorstellung.

Viele Spirituelle glauben hingegen an ein flexibles Schicksal. Dass wir in unserem Leben an bestimmte Punkte geführt werden und bestimmte Menschen treffen, von denen wir lernen können. *Ob* wir diese Möglichkeiten wahrnehmen, bleibt allerdings uns überlassen. Unser freier Wille ermöglicht es uns immer, auch den größten Mist selbst zu bauen. Aber das

Schicksal lässt uns nach Ansicht spiritueller Menschen nie hängen. Wir bekommen immer eine neue Chance.

Auch institutionelle Religionen spielen eine große Rolle bei der Ablehnung von Spiritualität. Gerade die christliche Kirche hat die Idee des Göttlichen im Laufe der Jahrhunderte so sehr missbraucht, dass viele Menschen nicht mehr an die Existenz eines Spirits glauben.

Noch dazu macht es uns die deutsche Sprache nicht einfach. Mit »Geist« können wir auch ein Gespenst meinen. »Spirit« ist ein englisches Wort und lässt sich in seiner wahren Bedeutung nicht übersetzen. »Spirit« kann im Englischen noch dazu »Alkohol« bezeichnen. »Spiritualität« ist aufgrund seiner Endung ein Zustand und daher unflexibel. Es gibt holprige Übersetzungen wie »das Innewohnende« oder »das alles Durchdringende«. Ich persönlich würde beim englischen Begriff »Spirit« bleiben.

Bevor ich mich mit Spiritualität beschäftigte, war ich als TV-Journalist vor allem für bunte Themen zuständig. Im Laufe der Jahre interviewte ich eine ganze Menge Wahnsinniger, Betrüger und Quacksalber. Dass ich trotz dieser ersten Erfahrungen auf dem Marktplatz der Esoterik bei der Spiritualität gelandet bin, grenzt an ein Wunder.

Zur Jahrtausendwende hatte ich den Auftrag bekommen, über eine Frau zu berichten, die behauptete, mit Engeln zu sprechen. Sie wohnte in einer vermoderten Hütte im Herzogtum Lauenburg in Schleswig-Holstein. Die Frau war um die sechzig, lief barfuß und mit ihrem Pferdeschwanz hätte man einem ausgetrockneten Holztisch zu neuem Glanz verhelfen können. Das i-Tüpfelchen war eine haarige Warze am Kinn. Die Frau hätte im Mittelalter nicht lange überlebt.

Ihre Hütte war schon von Weitem erkennbar. Auf dem Dach blinkten rote Lichter, weiße Leuchtstreifen markierten eine Landebahn und auf den Wipfeln der umgebenden Tannen wehten weiße Fahnen. Ich wusste durch meine Recherche, dass dies die Engel-Landebahn war.

»Gehen Sie bitte ein paar Schritte vor mir her«, sagte die Frau zur Begrüßung.

»So?«, fragte ich.

»Sie trampeln. Sie treten erst mit den Fersen und dann mit den Zehen auf.« Sie wandte sich meinem Kameramann zu und sagte: »Gehen Sie mal!«

Er war ebenfalls ein Fersengeher.

»Sie haben das neue Zeitalter noch nicht erreicht. Es werden hier keine Wesen landen, solange Sie sich in meinem Aura-Bereich aufhalten. Engel hüten sich vor Fersengehern«, war ihr vernichtendes Urteil. Ich fühlte mich schlecht – verschreckten meine satanischen Fersen tatsächlich Engel?

Die Frau stakste auf Zehenspitzen in ihre Hütte und brühte uns einen wässrigen Kaffee aus gerösteten Kirschkernen.

Ich durfte die Frau trotzdem interviewen. Ins Fernsehen wollte sie schon gern, auch wenn wir Fersengeher waren. Sie behauptete, sehr spirituell zu sein, mit Feen engen Kontakt zu haben und von Engeln Gute-Nacht-Küsse zu empfangen.

Ich fragte sie, ob die Engel auf ihrer Hütte landeten.

»Ja sicher«, sagte sie in leicht genervtem Tonfall.

»Wie sehen Engel denn aus?«, fragte ich.

»Engel sind Lichtwesen. Sie sehen nicht aus, wie Sie sich das vorstellen.« Dabei schaute sie mich verächtlich an.

»Engel haben also keine Augen oder so was?«

»Pah – natürlich nicht. Es sind *Lichtwesen!*«

»Warum haben Sie dann Lichter auf Ihrem Dach montiert, wenn Engel keine Augen haben?«

»Diese Frage muss ich ja wohl nicht beantworten!«

»Nein, natürlich nicht«, sagte ich. »Ich wollte nur logisches Verständnis für Ihre Landebahn gewinnen.«

»Manchmal muss man die Engel führen. Ihnen den rechten Weg weisen. Sie sind durch unsere laute Welt verwirrt.« Dabei machte sie flatternde Handbewegungen neben ihren Ohren.

»Und wie erkennen Engel den Weg dann ohne Augen?«

»Anders. Auf spirituelle Weise.«

Von Menschen wie dieser Frau wimmelt es in der spirituellen Welt. Sie finden dort ihre Spielwiese, um ihrem Wahnsinn freien Lauf zu lassen. Da alles Transzendente nicht messbar ist, können sie behaupten, was sie wollen. Ob man ihnen glaubt oder nicht, spielt keine Rolle. Es geht vielmehr darum, dass sie sich mit ihren angeblichen Fähigkeiten und dem Kontakt zum Höheren wichtig fühlen können.

Ein Tropfen Öl verschmutzt tausend Liter Wasser. Ein spiritueller Wichtigtuer verscheucht tausend potenzielle Sucher.

Damit will ich nicht sagen, dass alle Leute mit angeblichen übersinnlichen Fähigkeiten Quacksalber sind. Im Laufe meiner bunten Karriere als TV-Journalist sah ich auch einige unerklärliche Gegenbeispiele – eine Wahrsagerin, die das persönliche Leben meiner Praktikantin kannte, einen Heiler, der

Cromargan-Füllungen wie Gold aussehen ließ, oder eine Französin, die ihre Hand auf den verstauchten Knöchel meiner Kamerafrau legte und für sofortige Heilung sorgte.

Es ist nicht einfach, die Wahnsinnigen von den Wahrsinnigen zu unterscheiden. Im transzendenten Markt gibt es wie überall auf der Welt Heuchler und Heilige. Eine Bekannte erzählte mir von einem Seminar bei einem berühmten Fasten-Guru. Das vollkommene organisatorische Chaos auf dem Seminar wurde als »spirituelle Aufgabe für die Teilnehmer« verkauft. Außerdem soll der Fasten-Guru abends heimlich Chips, Pizza und Bier verschlungen haben. Noch dazu versuchte er, meine Bekannte anzugraben – mit der Begründung, dass der Fastenprozess beim Sex erst richtig funktioniere.

Wenn Sie sich dieser Welt trotz aller Vorbehalte öffnen und beispielsweise ein spirituelles Seminar buchen, gibt es ein paar wichtige Punkte, an denen Sie die Seriosität des Anbieters erkennen können:

1. Ist das Angebot transparent, allgemein verständlich und nachvollziehbar, ohne viel Kleingedrucktes?
2. Ist der Seminarpreis im Rahmen vergleichbarer Kurse von anderen Anbietern?
3. Ist der Einsteigerkurs eventuell nur ein günstiges Lockangebot? Das ist dann der Fall, wenn die Preise von Folgekursen unverhältnismäßig stark im Preis ansteigen. (Außer natürlich die Folgekurse sind erheblich länger oder aufwendiger.)

4. Seien Sie besonders vorsichtig bei *Gratisangeboten*.

5. Fokussiert sich das ganze Unternehmen auf eine Person, die überhöht im Mittelpunkt steht?

6. Sollen Sie bei der Buchung extrem ausführliche, unnötige persönliche Daten angeben (wie zum Beispiel Ihre Sozialversicherungsnummer) oder Psychotests machen?

7. Gibt es übertriebene Rücktrittsbedingungen oder Verträge, aus denen Sie nicht in angemessener Stornofrist zurücktreten können? Verlieren Sie eine unangemessene Geldsumme, wenn Sie den Kurs abbrechen?

8. Gibt es überwiegend negative Reviews oder Beschwerden zu den Kursen oder Kursleitern im Internet?

9. Macht der Kurs Ihnen unmögliche Versprechen, die mit der Realität nichts zu tun haben, wie das Erlangen von Erleuchtung, das Sehen von Auren oder Voraussagen der Zukunft?

10. Verspricht der Kurs, Ihnen in kürzester Zeit Glück, Gesundheit oder Reichtum zu bescheren?

11. Behauptet der Veranstalter, die einzig richtige, wahre Lösung für all Ihre Probleme parat zu haben?

Sollte auch nur einer dieser Punkte zutreffen: Finger weg!

Der körperliche Weg

»*Auch der Geist hat seine Hygiene, er bedarf, wie der Körper, einer Gymnastik.*«
Honoré de Balzac, Schriftsteller

Ich besuchte vor ein paar Jahren einen Vortrag von Ramesh Balsekar in Mumbai. Er hat eine Menge guter Bücher geschrieben und gilt in der spirituellen Welt als heilig. Er hielt ein Glas in der Hand, das zur Hälfte mit Wasser gefüllt war.

»Halb voll oder halb leer?«, fragte er in die Runde.

»Halb voll, Meister«, sagte ein beflissener Schüler.

»Quatsch«, blaffte Balsekar den Mann an. »Es ist egal, ob das Glas halb voll oder halb leer ist. Es kommt einzig darauf an, wie lange ich es in der Hand halte.«

Er hielt das Glas mit ausgestrecktem Arm von sich.

»Nach einer Minute fängt mein Arm an zu schmerzen. Nach fünf Minuten wird der Schmerz unerträglich. Nach sieben oder acht Minuten lasse ich entweder das Glas fallen oder meinen Arm.«

Ich blickte mich um. »Ja und?«, fragte ich.

»Darum geht's doch«, sagte Balsekar und schüttelte entnervt den Kopf. »Stellt das Glas hin. Das ist Spiritualität. Den ganzen Tag halten wir Gläser in die Luft. Stellt. Sie. Hin!«

Wenn Sie dieses Buch chronologisch lesen, kommt jetzt nach einer Menge geistiger Arbeit die körperliche Bewusstwerdung, Reinigung und Weiterentwicklung. Körperliche Arbeit hat den Vorteil, dass man die Resultate direkt sehen kann. An den körperlichen Veränderungen können wir erkennen, ob Fasten, Yoga oder andere Übungen fruchten oder nicht.

Mentale Arbeit dagegen ist schwer zu messen. Wir haben keine Wagen, Maßbänder oder Kraftanalysen für den Geist. Wir können lediglich mit zeitlichem Abstand auf die Ergebnisse schauen: Hat sich unser Leben verändert? Herrscht mehr

Harmonie zwischen uns und unserem Umfeld? Sind wir ruhiger, ausgeglichener, glücklicher als zuvor?

Wenn wir den Vergleich mit der Musik noch einmal heranziehen, ist der körperliche Weg der technische Aspekt beim Erlernen eines Musikinstruments. Bei der Gitarre gilt es, den Rhythmus zu halten, die Saiten richtig zu zupfen und vernünftige Übergänge hinzukriegen. Dies zusammen bildet das technische Gerüst, das uns überhaupt erst erlaubt, Musik zu machen. Unser technisches Gerät fürs Leben ist der Körper.

Fasten

»Ein heiler Körper und Geist ist und bleibt glücklicherweise durch alle Menschzeitalter das Ideal.«
Otto Buchinger, Fasten-Guru

Fasten ist so alt wie die Menschheit. Alle Weltreligionen haben Fasten-Rituale. Die positiven Auswirkungen auf Geist und Körper sind enorm. Jeder gesunde Mensch kann für mindestens sieben Tage ohne Nahrung auskommen. Das muss er auch, denn bis vor ein paar Generationen gab es keine Supermärkte. Fasten gehörte zum menschlichen Leben. So wie leere Handy-Akkus heute; nervig, aber nicht tödlich.

Auch ich habe in meinem Leben viele Male gefastet, meistens in einwöchigen Kuren. Diese Zeitspanne würde ich für den Anfang auch empfehlen.

Da der Begriff des Fastens häufig missbraucht wird, kläre ich ihn lieber vorweg: Fasten bedeutet, *nichts* zu essen. Gar nichts. Trinken ist erlaubt, auch mal eine Gemüsebrühe, Molke oder stark verdünnte Fruchtschorlen bei Unwohlsein. Alles, was darüber hinausgeht, ist nicht fasten. Wenn Menschen nach Ostern keine Schokolade essen oder auf Alkohol verzichten, sagen sie manchmal, sie würden fasten.

Beim echten Fasten verzichten wir bewusst auf die Basis allen Konsums: die Aufnahme fester Nahrung. Nur dieser radikale Verzicht führt zu einer echten körperlichen und seelischen Reinigung. Alles andere ist, als würden Sie Ihren Fuß ins Wasser tauchen und behaupten, Sie wären schwimmen gewesen.

Es gibt Regale voller Literatur über das Fasten. Dass Fasten sich positiv auf die Gesundheit auswirkt, ist inzwischen allgemein bekannt: Es gibt den Organen und Zellenkraftwerken, die für Energiegewinnung zuständig sind, eine Pause. Das wirkt sich positiv auf den Zucker- und Cholesterinspiegel aus. Fasten kann chronischen Krankheiten wie Diabetes vorbeugen und hilft sogar bei Krebsbehandlungen. Außerdem macht es gute Laune – fast achtzig Prozent aller Fastenden berichten über ein verbessertes Stimmungsbild.

Aber vor allem für die Darmflora ist Fasten extrem gut. Der Grund dafür ist, dass die Bakterien in unseren Därmen Probleme haben, kurzkettige Kohlenhydrate (also Zucker) zu verarbeiten. Der Körper verdaut sie meist nicht vernünftig und sie werden stattdessen fermentiert. Sie lagern von da an in unseren Gedärmen und faulen vor sich hin. Sie sind Keimherde, verursachen permanente Entzündungen, rauben Energie und sorgen für sehr viele Zivilisationskrankheiten.

Beim Fasten werden sowohl die Bakterien als auch die Fermente ausgeschieden. Experten vermuten, dass durch das Fasten vermehrt ältere und stoffwechselungünstige Zucker-Eiweiß-Moleküle, sogenannte *Advanced Glycation Endproducts*, im Körpergewebe abgebaut werden. Daher sind die Aufbautage nach dem Fasten so wichtig. Hier können wir selbst dafür sorgen, dass *gute* Bakterien den Darm besiedeln und gesunde Nahrung fordern. Somit ist es anschließend umso leichter, sich vernünftig zu ernähren und auf Süßigkeiten, Alkohol und zu viel Weizen und Milchprodukte zu verzichten.

Fasten beginnt mit dem sogenannten Entlastungstag; Tag null. Es ist der Tag vor der eigentlichen Kur und dient dazu, den Körper sanft auf das Fasten vorzubereiten. An diesem Tag essen Sie nur leichte und bekömmliche Kost. Also kein Brot, kein Fleisch, keine Nudeln. Alkohol oder andere schädliche Substanzen sind natürlich ebenfalls verboten. Stattdessen gibt es Joghurt, vielleicht ein bisschen Kartoffelpüree oder ein Süppchen. Mehr nicht. Ich mache den Entlastungstag immer an einem Sonntag, um montags mit dem Fasten loszulegen.

Wenn Sie zum ersten Mal fasten, sollten Sie sich eine Woche Urlaub gönnen. Zumindest in den ersten drei Tagen werden Sie wahrscheinlich kaum in der Lage sein, zu arbeiten.

Vor allem für Workaholics kann es schwer sein, die freie Zeit auch zu genießen. Aber ich möchte Sie dazu auffordern, bewusst Dinge zu tun, die Ihnen Entspannung bringen. Gehen Sie in eine Therme oder in die Sauna, verbringen Sie so viel Zeit in der Natur wie möglich, reiben Sie sich mit Ölen ein, meditieren Sie oder hören Sie klassische Musik. Sie werden merken, welche Ruhe in Ihrem Körper herrscht, wenn er sich nicht mit der Verarbeitung von Nahrung beschäftigen muss.

An Ihrem ersten Fastentag, dem Montag, trinken Sie am frühen Morgen vierzig Gramm in Wasser aufgelöstes Glaubersalz. Seien Sie gewiss: Das ist der ekelhafteste Teil beim Fasten. Aber da müssen Sie leider durch. Ich mische das Salz immer in etwa dreihundert Milliliter Wasser und trinke das

Zeug auf Ex. Anschließend schütte ich einen Liter dünne Apfelschorle hinterher, um das Salz ordentlich im Magen zu verdünnen. Ich finde diese Methode angenehmer, weil ich ansonsten anderthalb Liter Glaubersalz-Wasser trinken müsste. Diese Menge an Flüssigkeit ist notwendig, damit das Salz seine Wirkung tun kann – wie Sie es zu sich nehmen, können Sie selbst entscheiden.

Glaubersalz funktioniert bei jedem Menschen. Diese Wirkung sieht so aus, dass Sie die nächsten Stunden unbedingt in der Nähe einer Toilette verbringen sollten. Der Körper versucht, dieses Salz loszuwerden, sammelt literweise Flüssigkeit in seinen Därmen und scheidet es dann kräftig und heftig aus. Natürlich ist es deshalb auch wichtig, viel zu trinken! Sobald der Ausscheidungsprozess beendet ist, werden Sie sich schlapp, matt und erledigt fühlen. Der heftige Durchfall erinnert den Körper vermutlich an seinen letzten Magen-Darm-Infekt. Daher werden Sie sich eher krank fühlen. Von Reinigung und Fasten-Euphorie ist zu diesem Zeitpunkt noch nichts zu spüren.

Legen Sie sich hin, lesen etwas Schönes, hören eine Entspannungsübung oder dösen einfach vor sich hin. Nachmittags können Sie einen kleinen Spaziergang machen. Gönnen Sie Ihrem Körper für die nächsten Tage Ruhe und entspannen Sie bewusst.

In den ersten drei Tagen, also von Montag bis Mittwoch, ist Fasten eine entsetzliche Quälerei. Das liegt daran, dass sich der Körper erst daran gewöhnen muss, nicht mehr dreimal täglich feste Nahrung zugeführt zu bekommen. Rechnen Sie mit starken Protesten. Bei mir setzen meist Kopfschmerzen ein, mein Energielevel liegt im Minusbereich, meine Laune gleicht der eines angeschossenen Wolfs und der Hunger ist mörderisch. Doch wenn Sie diese Tage überstanden haben, werden Sie fürstlich belohnt.

Denn am vierten Tag setzt bei fast jedem Fastenden ein unglaublicher Energieschub ein. Sie sind plötzlich hellwach und gut gelaunt, benötigen kaum noch Schlaf und können gewaltige Radtouren oder Spaziergänge machen. Ich hackte ab dem vierten Tag einen Stapel Holz nach dem anderen, strich mein Zimmer, machte endlich meine Steuererklärung und hatte das Gefühl, mehr Zeit zu haben als während meiner Vipassana-Meditationen.

Innerlich setzt am vierten Tag der Reinigungsprozess ein. Unser Körper hat nun akzeptiert, dass er sich nicht mehr mit Verdauung und dem Verwandeln von Käsebrot in Körpermasse beschäftigen muss, und stellt von äußerer auf innere Ernährung um. Er fängt also an, seine eigenen Reserven aufzuessen. Dabei verbraucht er zunächst alles, worauf er am besten verzichten kann. Also altes Fett. Und auch das Hungergefühl hört spätestens jetzt vollkommen auf. Der Körper hat gelernt, dass er nichts mehr zu essen bekommt, und verlangt auch keine äußere Nahrung mehr.

Allein diese Erfahrung ist ein unvergleichlicher Kick. Sie werden sich unbesiegbar, unbestechlich und unglaublich fühlen. Aber dieses Gefühl kommt nicht ohne Nebeneffekte: Wenn Sie allein fasten, werden Sie wahrscheinlich nicht mehr sozial kompatibel sein. Ihr Partner wird Sie meiden – nicht weil Sie etwa ein bisschen riechen, sondern weil Sie meist schweigen und vor allem nicht an den gemeinsamen Mahlzeiten teilnehmen. Diese sind ein fester Bestandteil unserer alltäglichen gesellschaftlichen Rituale. Wer fastet, ist außen vor. Und das Verrückte daran ist: Es macht Ihnen gar nichts aus.

Als ich zum ersten Mal fastete, hatte ich das Gefühl, endlich erwachsen geworden zu sein. Ich spürte, dass ich nicht mehr von außen abhängig war, sondern mir selbst genügte und für mich selbst sorgen konnte. Von der Minute unserer Geburt an sind wir auf andere angewiesen. Wir brauchen Muttermilch, Schutz, Liebe und Geborgenheit. Wir sind vollkommen abhängig von einer Welt, die wir nicht kontrollieren können. Beim Fasten spürte ich zum ersten Mal, dass ich mein Leben selbst in der Hand hatte und nicht von anderen gelenkt und geleitet werden muss. Ich lernte, dass mein Körper für sich selbst sorgen kann, dass ich nichts brauche, um zu überleben. Ich erlangte eine Souveränität, die ich bis dahin nie erfahren hatte. Auf Nahrung zu verzichten, stellte für mich den größten Gewinn an Autonomie und Freiheit dar. Natürlich stellt dieses Gefühl keinen Dauerzustand dar. Schließlich kann niemand ewig fasten und auf den Kontakt und den Austausch mit unseren Mitmenschen sind wir nun mal angewiesen. Aber es ist unglaublich befreiend, sich zu beweisen, dass man es – wenn auch nur für kurze Zeit – auch allein schafft.

Die letzten beiden Tage, der Freitag und der Samstag, sind die wichtigsten Tage Ihrer körperlichen Reinigung. An diesen Tagen sind Sie ans Fasten gewöhnt und verspüren normalerweise gar kein Hungergefühl. Genießen Sie diese Tage und nutzen Sie sie, um Ihr gesamtes Essverhalten zu hinterfragen. Nutzen Sie die Klarheit dieser Tage und schreiben Sie am besten auf, wie Sie sich in Zukunft ernähren möchten.

Am siebten Tag haben Sie's geschafft. Sie dürfen einen Apfel essen. Er wird Ihnen vorkommen wie ein Paradiesapfel. Nichts anderes wird je so köstlich sein wie der erste Apfel nach Ihrem ersten Fasten.

Allerdings kann man, wie alle Übungen, auch das Fasten übertreiben. Das lernte ich auf die harte Tour: Ich hatte es mir in den Kopf gesetzt, wie Jesus, Buddha und Moses vierzig Tage lang zu fasten. Was die können, kann ich auch.

Das größte Problem dabei war, dass meine Partnerin, Mitbewohner und Kollegen absolut nicht verstanden, was ich mit diesem Fastenmarathon bezwecken wollte. Wieso ich plötzlich kaum noch redete, emotionslos war und tagelang allein auf meinem Zimmer verbrachte. Ich konnte es ihnen nicht erklären. Ich sparte Energie, hatte keine Lust auf Gespräche oder Austausch. Aber das konnte ich ihnen nicht sagen.

Die Diskrepanz zwischen mir und meiner Umwelt wuchs mit jedem Fastentag. In der dritten Fastenwoche traf ich zufällig meinen großen Bruder in der Kieler Innenstadt.

»Timm, was'n mit dir los? Du siehst ja aus wie Onkel Kurt!«, sagte mein Bruder.

Onkel Kurt hatte Wangenknochen wie Henkel und war ein hagerer Lulatsch, der kein leichtes Leben hatte.

Ich hatte zu diesem Zeitpunkt fast acht Kilogramm abgenommen, aber der Vergleich mit Onkel Kurt kam mir doch ein bisschen hart vor.

»Ich faste«, sagte ich.

»Ach. Und wie lange?«

Ich zögerte. »Vierzig Tage.«

»Timm, das kannst du Mama nicht antun.«

»Hä? Was denn?«

»Na, dass du stirbst.«

Ich fühlte mich unverstanden und unfähig, ihm zu erklären, was mich wirklich antrieb.

Zur gleichen Zeit sprach sich mein Vorhaben, vierzig Tage zu fasten, auch auf der Arbeit herum. Ein ganzer Haufen Kollegen betrat ungefragt mein Büro, um mich vor den Konsequenzen meines Handelns zu warnen. Erst würden mir die Zähne ausfallen, dann die Haare, meine Nieren würden kollabieren, weil ich zu viel tränke und zu wenig inneres Fettgewebe übrig hätte, dann würde ich einen grauen Star entwickeln, mein Darm würde platzen, ich würde an Magersucht, Inkontinenz, Impotenz, Herzrhythmusstörungen und Schizophrenie erkranken. Bauchspeicheldrüse, Haut, Knochen und Bindegewebe würden vor die Hunde gehen. Kurz: Ich würde früher oder später sterben – auf jeden Fall aber innerhalb der vierzig Tage. Dass ich nicht starb, sondern insgesamt sehr viel lebendiger und ausgeglichener wurde, änderte übrigens nichts an der Einstellung meines Umfelds.

Dabei ging es mir wirklich bestens. Ich fuhr während meiner Fastenzeit Hunderte Kilometer Fahrrad und hatte das Gefühl, auf eine unendliche Energiequelle Zugriff zu haben. Bei einem Ergometer-Test strampelte ich in der ersten Woche 250 Watt innerhalb von zwanzig Minuten bei einem Puls von

140 Schlägen pro Minute. In der zweiten Woche steigerte ich mich auf 300 Watt. In der dritten waren es sogar 400 Watt. Dies entspricht den Werten eines Leistungssportlers. Der untersuchende Arzt befürchtete, dass sein Ergometer kaputt wäre. Dann bezweifelte er, dass ich seit über zwanzig Tagen keine Nahrung zu mir genommen hatte.

Nach vier Wochen Fasten überlegte ich ernsthaft, nie wieder feste Nahrung zu mir zu nehmen. Ich liebäugelte mit der Theorie der Lichtnahrung. Breathairians, wie sie auf Englisch heißen, nehmen nichts außer Licht zu sich. Sie funktionieren wie Pflanzen, ziehen durch die Luftfeuchtigkeit Flüssigkeit in ihren Körper und verwandeln die Energie der Sonne in Zellmaterial. Damit widersprechen sie allen wissenschaftlichen und medizinischen Auffassungen. Bei dem Versuch, Breathairian zu werden, sind allerdings auch schon einige Menschen gestorben. Ich beschloss, mir die Lichtnahrung für ein zukünftiges Experiment aufzubewahren, falls die Erleuchtung durch vierzig Tage Fasten nicht eintreten sollte.

In der fünften Woche hatte sich mein Körper offenbar weitgehend gereinigt. Mein Gewicht blieb bei etwas über achtzig Kilogramm stehen, dreizehn Kilogramm unter dem Ausgangsgewicht. Nun fing die seelische Reinigung an. Meine Launen wurden selbst für mich unerträglich. Ich musste die Arbeit beim NDR unterbrechen, um meine Kollegen nicht dauerhaft zu vergraulen. Ich hatte jede Nacht Albträume, erlebte unerklärliche Angstzustände und machte schwärzeste Depressionen durch. Ich war mir sicher, sterben zu müssen. Ohne die spirituelle Unterstützung durch Meditation,

Gleichmut und Gewahrsein hätte ich spätestens nach dreißig Tagen das Fasten beendet. Fast eine Woche lang verließ ich mein Zimmer kaum, ging nicht ans Telefon und stellte mich tot. Meiner Familie log ich in Textnachrichten vor, dass es mir gut ginge und ich eine intensive Zeit erleben würde.

Als ich mich wieder unter Menschen traute, war ich hochsensibel für alles, was mit Essen zu tun hat. Mir fiel auf, dass an jeder Ecke Nahrung angeboten wird. Ich stellte fest, dass Bäckereien die neuen Fast-Food-Ketten in Deutschland sind, dass alle paar Hundert Meter Schweinefleisch auf giftig riechenden Holzkohlegrills brutzelt, dass sich ein Restaurant ans nächste reiht und dass jeder dritte Passant gerade irgendetwas kaut.

Die Welt der unbegrenzten Fressmöglichkeiten sorgt für unzählige psychische und physische Krankheiten. Sie zeigt deutlich, dass wir nicht mit Überangeboten umgehen können, dass wir Tierquälerei wortlos akzeptierten und dass wir anscheinend alle eine unterbewusste Leere spüren, die wir mit Nahrung stopfen.

Dreißig Prozent aller hergestellten Lebensmittel landen im Müll (in den USA sind es sogar vierzig Prozent), während gleichzeitig rund 870 Millionen Menschen auf der Welt an Hunger leiden. Fast eine Milliarde hat keinen Zugang zu sauberem Trinkwasser. Bei uns wird es durchs Klo gespült. Die Welt hat sich schneller entwickelt als die psychische Evolution des Menschen. Wir haben nicht gelernt, mit den Ressourcen richtig zu haushalten, bewusst durchs Leben zu gehen und uns nicht vom Konsumismus abhängig zu machen.

Jeder Mensch, mit dem ich während meiner vierzigtägigen Fastenzeit darüber sprach, erkannte das Problem. Keiner tat etwas dagegen. Niemand fing bei sich an und machte den ersten Schritt. Ich war keinen Deut besser, plante schon den nächsten Flug, fuhr ein Auto, das zehn Liter auf hundert Kilometer schluckte, und hatte mich bis vor vier Wochen wenig um diese kranke Welt und meinen Beitrag dazu geschert. Und auch jetzt hatte ich keinen wirklichen Lösungsvorschlag.

Ab der sechsten Woche sah ich nicht mehr gesund aus. Ich hatte Ringe unter den Augen, meine Jeans bollerten an den Beinen, meine Zunge wurde von schuppigen Placken belagert. Offenbar machte mein Körper einen zweiten Reinigungsprozess durch. Eine Kollegin, mit der ich normalerweise keinen Kontakt habe, kam in mein Büro.

»Du siehst nicht gut aus, Timm.«

Da haben wir was gemeinsam, sagte ich – nicht.

»Beim Fasten ist es sehr wichtig, richtig zu entgiften. Weißt du das?«

Ich nickte und fragte, ob sie schon mal gefastet hätte.

»Natürlich nicht«, sagte sie.

»Solltest du einmal fasten wollen, hätte ich einen guten Entgiftungstipp für dich«, sagte ich. »Am schnellsten und saubersten geht die Darmspülung, indem du den Duschkopf abschraubst und dir das Schlauchende an den Anus hältst. Dadurch lässt du lauwarmes Wasser in deinen Körper laufen. Herrlich.«

Ich verspürte auch nicht mehr die geringste Lust auf Sex. Dieser Drang schien durch die Entbehrung abgetötet zu sein.

Ich gab dem Bedürfnis nach Nahrung nicht nach, einem Urbe-dürfnis des Menschen. Ich stellte fest, dass ich allen anderen Bedürfnissen ebenfalls nicht mehr nachgehen musste; besonders nicht solchen, die nicht dem Überleben dienen. Also Alkohol, Joints, Medien, Sex oder Besitz im Allgemeinen.

In der siebten Woche lebte ich in einer Fastenhybris. Ich hatte mich vollkommen zurückgezogen, trank kaum noch und erlebte mich selbst auf eine verrückte Weise. Mein Zustand und meine Gedanken zu diesem Zeitpunkt lassen sich vielleicht mit »Alles ist« umschreiben. Ich hatte das Gefühl, dass es keine Zeit mehr gab und alles in einem einzigen weiten Raum existierte.

Nach vierzig Tagen hatte ich 17 Kilogramm abgenommen, mehr als eine Woche keinen Menschen gesprochen und Einsichten gehabt, die nicht zu konservieren waren. Als es vorbei war, schwor ich mir, nie wieder so lange zu fasten.

Woher kommt die Methode?

Fasten ist ausnahmsweise keine Methode, die von Menschen erfunden wurde, sondern von der Natur gegeben. Fasten ist eine exzellente Form der Reinigung – sowohl körperlich als auch geistig. Die Methode ist so alt wie die Menschheit. Und auch wenn es zu alten Zeiten eher unfreiwillig geschah, ist es doch evolutionär gar nicht vorgesehen, dass wir jeden Tag drei Mahlzeiten zu uns nehmen. Es ist sehr gut für die inneren Organe und die Darmflora, ab und zu mal den »Reset-Button« zu drücken. Wer fastet, besinnt sich auf seine natürliche, ursprüngliche Art, Mensch zu sein.

Für wen ist Fasten geeignet?

Fasten kann jeder gesunde Mensch. Abzuraten wäre es Schwangeren, stark Unter- oder Übergewichtigen oder Menschen mit Essstörungen. Auch bei Leber-, Nieren- oder Schilddrüsenerkrankungen sollte man es lassen. Für alle anderen ist es aber eine wunderbare und gesundheitsfördernde Methode, für die wir alle von Natur aus vorbereitet sind.

Natürlich gibt es Menschen, denen Fasten leichter fällt als anderen. Mir fällt Fasten extrem leicht. Meiner Partnerin ist es fast unmöglich. Einen Grund hierfür kann ich nicht erkennen. Es ist so, wie manche Menschen mathematisch begabt sind und andere nicht. Probieren Sie es einfach aus.

Mittlerweile fasten sogar meine Eltern und einer meiner Brüder. Es ist also eine Methode, die keine Affinität zum Spirituellen erfordert.

Was bringt das Ganze?

Zunächst einmal bringt Fasten einen erheblichen Gewichtsverlust mit sich. Wie viel, schwankt von Person zu Person. Mein jüngerer Bruder zum Beispiel verlor sagenhafte zehn Kilogramm bei zehn Tagen Fasten, während eine Bekannte nach einer Woche nur ein Kilo Gewichtsverlust verzeichnen konnte.

Natürlich sind viele von den fehlenden Kilos Wassereinlagerungen und Darminhalt, die nach ein paar Tagen wieder draufkommen. Und doch bleibt ein Abnehm-Effekt, der bei bewusstem und achtsamem Essverhalten bestehen bleibt.

Fasten kann bei Migräne helfen, bei Allergien, Hautproblemen oder Depressionen. Fasten-Guru Buchinger hat ein ganzes Buch über seine Erfolge geschrieben. In Frankreich gibt es einen Mediziner namens Guelpa, der behauptet, dass vier Fünftel aller Krankheiten aus dem Darm kommen und durch Fasten positiv beeinflusst werden können.

Außerdem kann Ihnen das Fasten spirituelle Einsichten und Erkenntnisse bescheren.

Was ist so genial daran?

Ich liebe Fasten, weil es für mich eine totale Unabhängigkeit von außen bedeutet. Ohne Nahrungsaufnahme bin ich kaum von meiner Umwelt zu beeinflussen und fühle mich sehr viel autonomer. Nur beim Fasten bin ich zu hundert Prozent authentisch.

Wo? Wer? Wann? Was?

Sie müssen nicht zwangsläufig allein fasten, sondern können es auch organisiert mit anderen tun. Die Buchinger-Kliniken bieten hier wohl das beste Programm an: www.buchinger.de.

Es gibt auch Fastenwandern: www.fastenwandern-sylt.de oder Fasten im Kloster: www.kloster-marienthal.de.

Am Ende ist es egal, wo Sie fasten. Hauptsache, Sie fühlen sich in der Umgebung wohl und vertrauen den Menschen, die Sie durch das Fasten begleiten.

Literatur, Internet, Apps und Tipps

Das Buch für alle, die ganz genau wissen wollen, wie man richtig fastet, ist *Wie neugeboren durch Fasten* von Hellmut Lützner, erschienen im Gräfe und Unzer Verlag. Ergänzend hierzu ist *Richtig essen nach dem Fasten* vom selben Autor sehr empfehlenswert.

Meine eigenen Erfahrungen habe ich in *40 Tage Fasten* festgehalten, erschienen beim Heyne Verlag.

Für alle, die auf einen medizinisch-historischen Hintergrund Wert legen, ist *Das Heilfasten* von Dr. Otto Buchinger eine gute Lektüre, erschienen im Hippokrates Verlag.

Sollten Sie das Fasten spirituell angehen wollen, schlage ich *Fasten nach der Klosterheilkunde* von Pater Kilian Saum vor, erschienen bei Zabert Sandmann.

Yoga

»Ich mache Yoga, damit ich mir, wenn nötig, selbst in den Hintern treten kann.«
Betsy Canas Garmon, Künstlerin

Yoga ist ein eigenes Universum der körperlichen Spiritualität. Fast jeder ist damit schon einmal in Berührung gekommen und sei es nur als Aufwärmübung in einem Sportkurs. Yoga trainiert sowohl den Körper als auch den Geist.

Yoga ist eine Lebenshaltung. Es bedeutet nicht, kein Fleisch zu essen, früh ins Bett zu gehen oder dem Alkohol abzuschwören. Wer regelmäßig Yoga macht, verändert sein Leben automatisch. Ich hätte nie gedachte, dass mich Yoga dazu bringen könnte, mich jeden Abend auf den nächsten Morgen zu freuen.

Yoga ist kein elitärer Club, kein Glaube oder eine Religion. Yoga soll Menschen dabei helfen, durch körperliche Disziplin dauerhaft glücklich zu werden. Die Philosophie hinter dieser indischen Lehre besagt, dass wir durch Yoga das höhere Selbst erkennen können. Wir lernen, dass wir nicht kleine, abgekapselte, unglückliche Individuen sind, die ihren Ängsten, ihrem Groll, ihrer Not, ihrem Mangel und ihrer verfluchten Sterblichkeit unterliegen. Wir sind mehr als jammernde Wesen, die nur Zuflucht in ihren beschränkten Egos finden.

Es gibt unzählige verschiedene Arten von Yoga. Vini, Iyengar, Ashtanga, Aerial, Hatha, Klesha, Krija und noch unendlich viele weitere Arten von Yoga; wahrscheinlich genau so viele Übungen wie es Menschen gibt. Es kann eine Weile dauern, die richtige Art und den passenden Lehrer für sich zu finden.

Hier ist eine kurze Übersicht über die wichtigsten Yoga-Arten:

1. Körper-und-Seelen-Yoga:
Hatha-Yoga ist bei uns die bekannteste Yoga-Art. Das Wort »Hatha« bedeutet Energie. Hier geht es vor allem um die Körperstellungen, die man über eine bestimmte Zeit halten soll. Hatha wird mit Atemtechniken und Entspannungsübungen verbunden. Hatha-Kurse werden sogar von einigen Krankenkassen finanziert, beispielsweise im Rahmen eines Reha-Programms.

2. Körperliches Yoga:
In diese Kategorie gehören Power-Yoga, Ashtanga-Yoga, Jivamukti und Bikram-Hot Yoga. Sie allen verbinden Anstrengung, Ausdauer und Kraft. Den meisten Menschen, die diese Kurse belegen, geht es in erster Linie um Fitness. Auch hier gibt es eine spirituelle Komponente, jedoch sehr untergeordnet. Körperliches Yoga ist daher für Menschen geeignet, die Spiritualität eher skeptisch gegenüberstehen.

3. Ganzheitliches Yoga:
Wenn man Fitness, Atemübungen, Entspannung, Meditation und Ernährung miteinander verbinden möchte, ist

Shivananda-Yoga das Beste. Dieser Yoga-Stil basiert auf der Theorie der Chakren, den Energiezentren des Menschen. In einer Stunde sollen zwölf verschiedene Posen dafür sorgen, dass diese Zentren mit Energie versorgt werden. Der indische Yogi Swami Vishnudevananda hat diese Yoga-Art weltweit berühmt gemacht.

4. Spirituelles Yoga:
Der Yoga-Guru Yogi Bajan brachte Kundalini von den indischen Sikhs in den Westen. Beim Kundalini kommt es vor allem auf den Atem und damit verbundene Energieerlebnisse an. Hier ist die Dauer und Intensität der einzelnen Posen, den Assanas, nicht so wichtig wie zum Beispiel beim Hatha-Yoga.

Meine erste Yoga-Erfahrung machte ich während des Clarity Process (siehe Kapitel »Der Clarity Process«). Und das auch noch morgens um sieben Uhr. Damals war ich noch Trinker und Kiffer; Frühaufstehen war für mich schlimmer als Bäume-Umarmen.

Ich sprang in meine schlabberigste Trainingshose und rannte hoch zum Seminarraum. Auf dem Boden lagen blaue Yogamatten. Ich war der Einzige, der weder Leggings noch Wollsocken trug. Die Seminarleiterin hatte einen Kassettenrekorder in die Mitte des Raums gestellt und auf Play gedrückt. Saxophon-Musik schepperte aus den Lautsprechern und eine tiefe amerikanische Stimme fragte, ob wir bereit wären für »Psychocalisthenics«.

Die Seminarleiterin stellte sich vor uns in die Hampelmann-Ausgangsstellung und sagte, wir sollten ihr einfach alles nachmachen. 23 Übungen in zwanzig Minuten. Der Rest würde sich von allein erklären. »Freut euch«, sagte sie, »wir aktivieren jetzt jeden einzelnen Muskel unseres Körpers.«

Dann befahl uns die amerikanische Stimme, Kniebeugen im Viervierteltakt mit anschließender Streckung und vorgestelltem Traubenpflücken zu vollführen. Danach links drehen, rechts dehnen. Nach vorn. Nach hinten. Dann umgekehrt. Bauch einziehen. Luft anhalten. Die *Axt*, Hüfte, Schultern, Hände, Nacken strecken, biegen, federn. Pendeln, kreisen, schwingen. Auf den Boden, *Kobra*, Bauch, Kerze, aufstehen, Beine perpendikeln, Abschlussübung mit Liegestütz. Ich war erledigt. Gerade mal zwanzig Minuten hatte der erste Yogaunterricht meines Lebens gedauert und ich war schweißgebadet und vollkommen außer Atem. Dafür spürte ich jeden Muskel meines Körpers. Man hatte uns nicht zu viel versprochen.

Die Seminarleiterin riet nach einer kurzen Pause und einer Dankes-Verbeugung, hinaus in die Natur zu gehen und einen kurzen Waldspaziergang zu machen. Wir sollten dabei bewusst die frische Luft dieses nagelneuen Tages einatmen.

Draußen krochen die ersten Lichtstrahlen durchs Gebälk. Ich dampfte. Vor mir lag ein Waldweg im Nebel. Einen Moment lang war ich von der Schönheit der Natur völlig überwältigt. Ich hatte meiner heimatlichen, teutoburgischen Natur seit meiner Kindheit keine Chance gegeben, sich an mich zu heften.

Und dann machte ich zwanzig Minuten Yoga und die Welt hatte mich zurück und fest im Griff. Ich war ihr nie entkommen. Ich hatte nur die Augen geschlossen. Jetzt waren sie wieder auf.

Als ich aus meiner Erstarrung erwachte, hatte ich Lust, die Arme zum Himmel zu strecken und laut »Ja« zu rufen. Natürlich tat ich das nicht. Es hätte mich ja jemand hören können. Doch wusste ich von diesem Moment an: Yoga macht glücklich.

Seitdem begleitetet mich Yoga täglich durch mein Leben. Fast jeden Morgen mache ich meine Übungen zu den Anweisungen der zwanzigminütigen Psychocalisthenics-Übung mit der gewöhnungsbedürftigen Saxophon-Musik. Durch Yoga lernte ich meinen Körper besser kennen, wurde beweglicher und geschmeidiger und erfuhr, dass es auch einen körperlichen Weg zu geistiger Klarheit und Reinheit gibt.

Das Wort »Yoga« ist Sanskrit und bedeutet »Vereinigung«, »Integration« oder »Einswerden«. Wie viele indische Wörter hat es eine Doppel-Bedeutung: In seinem ursprünglichen Wortsinn heißt es auch »ins Joch spannen«. Denn ein wahrer Yoga-Jünger soll sich der anstehenden Praxis mit der Disziplin eines Ochsen widmen – oder er kann es gleich lassen.

Yoga reduziert sich entgegen der allgemeinen Meinung nicht auf Körperverrenkungen. Selbst jemand, der seine Beine zu einer Brezel hinter seinen Ohren formen kann, ist noch längst kein Yogi. Diese verschiedenen Dehnübungen stellen lediglich einen kleinen Teil der yogischen

Philosophie dar. Ursprünglich diente Yoga der Vorbereitung auf die eigentliche Meditation. Erst wenn Muskeln und Geist ein bisschen gelockert und entspannt sind, kann das eintreten, wonach alle Sucher suchen: Seligkeit im gegenwärtigen Augenblick.

Beim Yoga geht es vor allem darum, Geist und Körper zu einigen. Manchmal gelingt es mir und ich spüre eine Verbindung zwischen mir, meinem Körper und was auch immer diesen Leib erschaffen hat.

Ich habe auch bei meinen zehntägigen Vipassana-Seminaren immer Hatha-Yoga gemacht, obwohl dies verboten war. Man sollte sich ausschließlich auf den geistigen Weg des Vipassana einlassen. Aber mir fiel die stille Meditation wesentlich leichter, wenn mir nicht ständig die Hüfte, die Knie oder der Rücken schmerzten. Hatha-Yoga half meinem Körper dabei, meinem Geist einen besseren Raum zur Meditation bieten zu können.

Einmal habe ich sogar Lach-Yoga probiert. Ein Freund hatte es mir als Stressbekämpfungs-Methode empfohlen. Ich hatte eigentlich gar keinen Stress, ging aber trotzdem hin.

Ich stand mit zwanzig weiteren Teilnehmern in einem kleinen Raum vor einem Menschen, der uns gackernd begrüßte: »Hallo, ich bin der Lach-Yogi.« Er trug Sieben-Achtel-Hosen und ein Micky-Maus-Shirt. Vielleicht hieß der Mensch wirklich *Yogi*, dachte ich. Soll es geben.

Yogi erzählte frohlockend, dass natürlich ein Inder das Lach-Yoga verbreitet habe und dass es mittlerweile Tausende von Lach-Clubs gäbe.

»Es gibt sogar einen Welt-Lach-Tag«, lachte Yogi. Und kriegte sich gar nicht mehr ein. »Der Trick ist, dass ihr so lange tut, als würdet ihr lachen, bis ihr wirklich lacht.«

Also lachte ich künstlich. Und das Wunder geschah. Alle in der Runde lachten plötzlich. Es klang sogar echt. Zumindest bei mir war das Lachen irgendwann tatsächlich echt und ich bekam einen regelrechten Lachkrampf. Doch nach fünf Minuten hatte ich mich bereits ausgelacht. Den Rest der Stunde musste ich wieder so tun, als würde ich lachen. Ich schaute dabei auf den Boden, damit die anderen meine nicht wirklich lachenden Augen nicht sehen konnten. Ich wollte nicht als preußische Spaßbremse gelten.

Angeblich soll Lach-Yoga einen beträchtlichen gesundheitlichen Nutzen haben. Stresshormone würden weggelacht, das Immunsystem gereinigt und die Vitalität gestärkt. Ich fragte mich, welche Krankheiten künstliches Lachen im Gegensatz verursachen könnte.

Zum Schluss setzten wir uns mit dem Lach-Yogi in einen Kreis und meditierten für den Weltfrieden.

»Wer lacht, kann nicht wütend sein. Gell?«, fragte er in die Runde. Ich hätte fast gelacht. Aber das wäre jetzt leider unpassend gewesen.

Als mir Lach-Yoga, Psychocalesthenics und Hatha zu langweilig wurden, probierte ich Höllen-Yoga aus. Das hieß zwar nicht so, fühlte sich aber so an: Bikram-Hot Yoga. Neunzig Minuten Yoga bei vierzig Grad Celsius. Insgesamt 26 Dehn- und zwei Atemübungen. Bei der Hitze dehnten sich meine Muskeln und Sehnen viel besser als bei Psychocalisthenics.

Ich wurde innerhalb weniger Wochen zu einem extrem flexiblen Yoga-Jünger. Außerdem entgiftete mein Körper besser als beim Fasten, denn ich schwitzte beim Hot Yoga heftiger als in jeder Dampf-Sauna.

Die Trainerin war groß, schlank und bildhübsch. Sie verkörperte den Ideal-Typus der Yogalehrerin. Sie peitschte uns während der neunzig Minuten ein, lobte und korrigierte uns. Sie sprach ununterbrochen und schien nie atmen zu müssen.

Beim ersten Mal brach ich schon nach der vierten Übung zusammen. Mein Kreislauf konnte nicht mehr. Schwarzes Licht umhüllte meine Sicht. Ich musste mich niederknien, um nicht ohnmächtig zu werden. Doch nach dem dritten Mal schaffte ich es. Nach einer Woche machte mir Hot Yoga sogar Spaß. Jeden Morgen um neun Uhr traf ich mich mit ungefähr zwanzig Teilnehmern und einer Trainerin in einem tropisch-heißen Spiegelsaal und quälte mich mit Freude durch die Übungen.

Mit der Zeit lernte ich die Trainerin und die anderen Teilnehmer etwas besser kennen. Viele machten seit Monaten jeden Tag Hot Yoga und stählten ihre beeindruckenden Leiber. Sie kamen mir vor wie Leistungssportler, die auf einen Wettkampf hinarbeiteten, der nie stattfinden würde. Doch Hot Yoga wurde mir irgendwann einfach zu viel. Außerdem litt ich unter einem Bandscheibenvorfall, der auch durch Hot Yoga nicht besser wurde. Nach einem guten halben Jahr hörte ich auf. Aber ich habe heute noch ein schlechtes Gewissen, wenn ich die Trainerin zufällig in der Stadt treffe. Ein besseres Work-out als Bikram-Yoga hatte ich nämlich nie.

Sollten Sie jetzt Lust auf ein bisschen Yoga bekommen haben, sind hier drei simple Übungen, die Sie machen können:

1. Dehnübung

Legen Sie ein Bein ausgestreckt auf eine Fensterbank. Dehnen Sie die untere Seite Ihrer Oberschenkel-Muskulatur und versuchen Sie, nach und nach ein Stückchen weiter nach vorn zu kommen. Lassen Sie sich pro Bein mindestens eine Minute Zeit. Spüren Sie beim Dehnen, wie sich nicht nur der Muskel entspannt, sondern eine Art innere Erleichterung einsetzt. Muskeln halten Anspannungen fest. Wenn man verschiedene Partien des Körpers dehnt, lockern sich gleich mehrere Arten von Anspannung. Ich habe mehrfach Menschen erlebt, die bei einfachen Dehnübungen plötzlich anfingen zu weinen.

2. Der Sonnengruß

Stellen Sie sich aufrecht hin, Füße zusammen und Handflächen vor der Brust gefaltet. Heben Sie Ihre Arme und strecken sich so weit nach hinten, wie Sie können. Dann beugen Sie sich nach vorn und legen Ihre Hände neben die Füße. Die Knie dürfen dabei gebeugt sein. Jetzt setzen Sie Ihr rechtes Bein so weit nach hinten, wie Sie können (Position Alpha). Es folgt das linke Bein, sodass Sie in eine Liegestützhaltung kommen. Dann senken Sie Knie, Brustkorb und Stirn auf den Boden. Der Po bleibt zunächst in der Luft. Dann senken Sie ihn auf den Boden und kommen in die Kobra. Drücken Sie Kopf und Brust mit den

Armen hoch, sodass sie die Bauchmuskeln dehnen. Kommen Sie nun hoch in den Hund: Der Po ist in der Luft, nur noch Füße und Hände berühren den Boden. Knie gerade, Oberkörper gestreckt. Zum Schluss nehmen Sie wieder das rechte Bein nach vorn (Position Alpha), dann das linke. Richten Sie sich langsam auf und strecken Sie wieder den Oberkörper und die Armen nach oben.

Dann wiederholen Sie die ganze Übung. Nehmen Sie sich eine bestimmte Anzahl Sonnengrüße vor.

Ein gutes Video zur genauen Anleitung finden Sie auch auf https://www.youtube.com/watch?v=hwif4ePZkjQ.

3. Augen-Yoga

Schließen Sie Ihre Augen und schauen nach links, während Sie Ihren Kopf nach rechts drehen. Lassen Sie sich dabei Zeit. Anschließend machen Sie die Übung entgegengesetzt; also Augen rechts, Kopf nach links. Danach schauen Sie mit geschlossenen Augen nach unten und heben den Kopf. Wiederholen Sie die Übung, sooft Sie können.

Arica – Psychocalisthenics

Woher kommt die Methode?

Arica-Yoga oder Psychocalisthenics sind eine Reihe von Übungen, die ohne Geräte gemacht werden. Es geht vor allem darum, den Körper mit der Psyche zu steuern. Der Bolivianer Oscar Ichazo hat Psychocalisthenics in den Fünfzigerjahren entwickelt. Psychocalisthenics sollte Ichazos Schüler auf lange, harte Meditations-Sitzungen vorbereiten. Ichazo ist einer der populärsten spirituellen Lehrer seines Landes und wird in Bolivien zutiefst verehrt. In den Sechzigern gründete er mehrere spirituelle Zentren und Institute, die bis heute als Non-Profit-Organisationen in den USA existieren.

Für wen ist Arica geeignet?

Arica ist ideal für Yoga-Anfänger. Jeder hält die 23 Übungen durch und fühlt sich danach erfrischt und energiegeladen. Wie bei fast allen Yoga-Meditationen kann jeder in seinem persönlichen Tempo und Maß die zwanzig Minuten absolvieren.

Was bringt das Ganze?

Angeblich aktiviert Arica-Yoga jeden einzelnen Muskel des Körpers. Theoretisch soll dadurch jede Zelle einmal energetisch angesprochen werden und somit dem Körper frische Impulse für den Tag geben.

Was ist so genial daran?

Arica ist kurz. In gerade mal zwanzig Minuten schaffen es 23 Übungen, den müden Körper zu wecken. In der chinesischen Medizin heißt diese Weck-Energie »Ch'i«. Sie sorgt dafür, dass unser Körper und unser psychischer Zustand stabil und vital bleiben.

Wo? Wer? Wann? Was? Literatur, Internet, Apps und Tipps

Hier finden Sie alle Informationen zu Arica:

http://pcals.com/

Dort können Sie auch die zwanzigminütige Morgenübung Psychocalisthenics bestellen. Die Homepage verspricht sogar, dass Arica unseren Altersprozess verlangsamen würde. Dazu gibt's Klarheit, emotionale Stabilität und Agilität.

Bikram – Hot Yoga

Woher kommt die Methode?

Der indische Yogalehrer Bikram Choudhury eroberte vor
wenigen Jahren mit der Idee des Hot Yoga den spirituellen
Markt. Bikram-Yoga wird mittlerweile in mehr als sechshun-
dert Schulen auf der ganzen Welt als Franchise angeboten.
Die Idee ist so simpel, genial und offenbar zeitgemäß, dass
Bikram Choudhury mittlerweile Multimillionär ist und seine
Methode eine der beliebtesten Yoga-Arten überhaupt.

Für wen ist Bikram geeignet?

Bikram ist eine Herausforderung für ambitionierte Yoga-
Schüler und sicherlich nicht unbedingt als Einstieg geeignet.
Es gibt aber auch einige Menschen, die über Bikram über-
haupt erst zum Yoga gekommen sind.

Bikram eignet sich hervorragend, um schnelle Fitness-
Fortschritte zu erlangen. Durch die Hitze dehnen sich
Muskeln und Sehen schneller als bei normaler Raum-
temperatur.

Was ist so genial daran?

Beim Bikram machen die Lehrer ihren Teilnehmern neunzig
Minuten lang die Hölle heiß und feuern jeden einzelnen dazu
an, noch ein bisschen durchzuhalten, sich tiefer zu dehnen
oder länger zu strecken. So gibt Bikram-Yoga einem das
Gefühl, in einer eingeschweißten Gemeinschaft zu leiden und
unterstützt zu werden.

Wo? Wer? Wann? Was?

Bikram gibt es mittlerweile ist fast jeder deutschen Großstadt. So muss man auch auf Geschäftsreise seine Yogapraxis nicht aussetzen.

Literatur, Internet, Apps und Tipps

www.bikramyoga.com

Hell-Bent von Benjamin Lorr ist ein grandioses Buch, das Bikram zwar sehr humorvoll verreißt, aber trotzdem die Faszination dieser Methode gut beschreibt. Leider gibt es das Buch bisher nur auf Englisch.

Hier finden Sie die erste von 26 Übungen. Alle weiteren stehen direkt neben dem Video: https://www.youtube.com/watch?v=XGO5EVFWsJ8&list=PLEhijnzesDisRUhqaKkV RjKeazXdlEuga

Lach-Yoga

Woher kommt die Methode?

Ganz genau weiß niemand, wer diese Methode erfunden hat. Manch indischer Lach-Yogi meint, sie stamme aus vor-buddhistischer Zeit, andere glauben, es wäre der Amerikaner Norman Cousins gewesen, der das Lach-Yoga in den Achtzigerjahren entwickelt und verbreitet hat. Am Ende ist egal, woher diese Methode stammt. Sicher ist, dass die Menschen damals genauso unglücklich waren wie heute und hofften, durch ein bisschen künstliches Lachen mehr Freude in ihr Leben zu bringen.

Beim Lach-Yoga lernen Sie, ohne äußeren oder inneren Grund zu lachen. Und das im Idealfall auch zu einem wirklichen Lachen werden zu lassen.

Für wen ist Lach-Yoga geeignet?

Jeder mit ein bisschen schauspielerischem Talent kann Lach-Yoga praktizieren. Da Lach-Yoga immer mit einem simulierten Lachen beginnt, ist es für viele Teilnehmer anfangs ein bisschen peinlich. Doch bei den meisten Teilnehmern verwandelt sich das künstliche Lachen schnell in echtes.

Da die meisten Lachgruppen über eine Stunde dauern, ist es nicht einfach, durchzuhalten. Lach-Yoga findet immer in der Gruppe statt, denn Lachen ist ansteckend und am effektivsten mit anderen Menschen zusammen. Nach dem Lachen meditieren die Teilnehmer gemeinsam, um innere Ruhe einkehren zu lassen.

Was ist so genial daran?

Ziel einer Lach-Yoga-Stunde ist herzhaftes, authentisches Lachen. Im Idealfall fühlt man sich danach entspannter und glücklicher als zuvor. Lach-Yoga kann auch helfen, über sich selbst zu lachen und die Dinge nicht mehr ganz so ernst zu sehen.

Wo? Wer? Wann? Was?

In vielen deutschen Städten gibt es mittlerweile Lach-Treffen. www.lach-yoga.de bietet eine gute Orientierung.

Spiritualität für Männer

»Männer. Zieht Eure Schuhe und Strümpfe aus. Macht den Oberkörper frei.«
Anweisung bei der Männer-Initiation

Auf dem ersten spirituellen Seminar meines Lebens war ich der einzige Mann. Häufig fühlte ich mich unwohl in meiner männlichen Haut. Ich gehöre zum Geschlecht der Vergewaltiger, Brandschätzer und Henker. Viele Frauen hatten Angst vor mir; allein schon wegen meiner 1,98 Meter Körperlänge.

Auch die meisten Yogastunden und Meditationskurse habe ich ausschließlich mit Frauen verbracht. Dabei waren die meisten Seminarleiter männlich. Es scheint insgesamt auch mindestens genauso viele Männer wie Frauen zu geben, die spirituelle Bücher schreiben. Warum sind wir Männer dann in den Seminaren so in der Unterzahl?

Meine Theorie ist folgende: Während Frauen seit Jahrzehnten für ihre Emanzipation kämpfen, stehen wir Männer ratlos daneben und wissen, dass uns die Frauen langsam abhängen. Wir werden immer unsicherer. Es wäre Zeit für unsere eigene *E-Mann-zipation*. Denn viele Frauen sind uns in Weisheit und Lebenserfahrung haushoch überlegen. Wir haben unsere Rolle verloren. Der Macho ist out, der Softy unerträglich und der Normalo sterbenslangweilig. Abenteurer gibt es kaum noch, Älteste oder Weise schon gar nicht, Ritter, Piraten und Superhelden sind höchstens etwas für Kinderfantasien. Vielleicht ist das auch gut so. Doch leider gibt es kein erwachsenes Äquivalent zu diesen antiquiert-archaischen Vorstellungen.

Je selbstbewusster die Frauen werden, desto verletzlicher werden wir Männer. Unsere Verwundbarkeit zeigt sich in Form gestörter Emotionalität, Angst und Wankelmut. Als logische Konsequenz verschließen wir uns. Wir öffnen uns nur noch beim Alkohol oder im Stadion. Wir sprechen auch nicht ehrlich über unsere Gefühle, weder mit Freunden noch mit unserer Familie. Wir fressen alles in uns herein, betäuben uns und warten auf den großen Knall.

Ich habe mich in Clarity-Workshops, Vipassana, Reisen und Yoga langsam durch meine Baustellen gearbeitet. Doch fehlte mir immer noch etwas. Ich fand es in einer Runde von siebzig Männern. Der jüngste war gerade zwanzig, der älteste Mitte siebzig. Wir trugen keine Schuhe und keine Hemden. Wir standen nur in Jeans da. Damit machten wir uns angreifbar und waren der Kälte ausgesetzt. Sie sollte symbolisch für die Welt außerhalb des Seminars stehen. Ich war auf meinem ersten Männerseminar gelandet.

Einmal im Jahr bietet der Verein Männerpfade ein fünftägiges Seminar nur für Männer an. Hier wird der Mann zum Mann geweiht. Aus Respekt vor meinem eigenen Schwur und den Vorgaben der Veranstalter kann ich hier nicht genau erzählen, wie die Rituale und Aufgaben während der Tage bis zur Initiation ablaufen. Dies würde gegen den Codex verstoßen. Es würde allen Lesern außerdem die Chance rauben, sich ohne große Kenntnis und Vorwissen auf dieses Abenteuer einzulassen.

»Ich heiße Timm, komme aus Kiel und weiß nicht, warum ich hier bin. Ich weiß nur, dass mir etwas fehlt und dass ich es hier finden kann«, sagte ich in der Vorstellungsrunde.

Ich war offenbar der Einzige, der kein konkretes Ziel hatte, der nicht wusste, was er suchte oder verloren hatte.

Es nieselte bei höchstens zwölf Grad. Meine Zähne klapperten vor Kälte, meine Lippen waren blau. Ich blickte mich um. Niemand fror so wie ich. Was war ich nur für eine Memme. Um dieses Gefühl zu bearbeiten, war ich also gekommen. Ich tat mein Bestes, der Kälte zu danken, und klapperte weiter mit den Zähnen.

Wir wurden in verschiedene Gruppen eingeteilt. Ich bekam Hütte acht, unsere Gruppe hieß Jeremia. Fünf Männer meines Alters saßen schweigend auf ihren Betten und versuchten, sich nicht zu lange in die Augen zu blicken. Noch konnten wir mit der ganzen Verletzlichkeitssache nicht so gut umgehen.

In der Mitte der Hütte lag ein Stock. Wir sollten entscheiden, wer unser *Stoker* sein sollte; derjenige, der in Gesprächsrunden die Herrschaft hatte und andere unterbrechen durfte.

»Wer will?«, fragte jemand in die Runde. Keiner meldete sich.

»Ich würde es machen«, sagte ich. Alle nickten. Einer sagte sogar, dass er sich freuen würde, wenn ich das übernehmen könnte. Mein Ego machte einen Satz nach vorn. Als Anführer fühlte ich mich unantastbar.

Wir setzten uns in einen Kreis. Ich nahm den Knüppel und schaute in die Runde. Wir sollten zehn Sätze formen, die mit »Ich bin« anfangen.

»Ich bin Timm.«

»Ich bin Ingenieur«, sagte der nächste.

»Ich bin ein Suchender«, ein anderer.

Nach drei Runden sagte einer der Männer:

»Ich bin als Kind von einem Pfarrer missbraucht worden.«

So hart es war, das zu hören, gab es uns anderen doch die Erlaubnis, uns ebenfalls zu öffnen. Jeder erzählte von seiner schwersten Wunde. Es lag eine solche Verletzlichkeit und seelische Last in der Hütte, dass der Boden knarrte. Wir kannten uns seit weniger als einer Stunde und wussten doch mehr voneinander als unsere engsten Freunde und Familien. Nach etwa einer Stunde läutete es draußen. Wir standen auf, umarmten uns und hatten Tränen in den Augen. Sechs Männer, die kaum ihre Vornamen kannten, waren aus dem Nichts zu einer Einheit geworden.

In den nächsten Tagen durchliefen wir verschiedene Rituale. Wir erlebten Schmerz, Verletzlichkeit und Trauer auf eine Art, die ich bis hierher nicht gekannt hatte. In der täglichen großen Runde konnten wir unsere Gefühle zum Ausdruck bringen, Verletzlichkeit zeigen, Stärken und Schwächen in gleichem Maß zulassen.

Als ich an der Reihe war, musste ich an eine Situation aus meiner Jugend denken:

Es war an einem Frühlingstag Anfang der Neunziger. Ich hatte zwei Freunde von der Bundeswehr mit nach Hause gebracht. Mein Vater fragte, was wir Jungs denn mal werden wollten.

Der eine Freund sagte, er wolle Journalist werden, durch die Welt reisen, über Missstände berichten, Korruption aufdecken und die Welt verändern. Der andere Freund wollte Schriftsteller werden. »Ich will Geschichten erzählen«, sagte er. »Leute unterhalten und vielleicht etwas Brauchbares vermitteln.«

Mein Vater nickte zufrieden. »Und du?«, fragte er mich.

Ich wollte auch Journalist und Schriftsteller werden. Doch es gab etwas jenseits dieser Berufe, über das ich nicht zu sprechen wagte. An diesem Tag tat ich es. Vielleicht aus Mut; vielleicht um meinen Vater zu ärgern:

»Ich will Einsiedler werden«, sagte ich. »Ich will auf einem Berg leben, den ganzen Tag faulenzen und frei sein. Frei von dir, von mir, von diesem Hin-und-hergerissen-Sein, von diesem ganzen bescheuerten Aus-mir-muss-was-werden-Getue.«

Mein Vater atmete tief durch. Dann sagte er etwas, das ich damals nicht verstand und doch für immer in Erinnerung behalten würde: »Aus dir wird nie etwas. Denn du willst alles«, sagte er. »Sei dir nur gewiss, dass ›alles‹ auch Leid, Unglück und Unfrieden beinhaltet. Freiheit bedeutet nicht, *von* etwas frei zu sein, sondern *für* etwas frei zu sein. Du bist nicht frei, wenn du tun kannst, was du willst. Du bist dann frei, wenn du tun willst, was du tun sollst.«

Mein Vater hatte doch keine Ahnung. Ich wollte nichts tun – darum ging es mir. Ich wollte Frieden finden in der Stille.

»Du und Stillsitzen. Das will ich sehen«, entgegnete er. »Du – der Zappelphilipp.«

Ich stellte mich vor mehr als siebzig Männern in die Mitte des Raums, atmete tief durch und sagte: »Ich habe seit meiner Kindheit das Gefühl, dass aus mir nie was werden kann. Dass ich ein beschissener, nichtsnutziger Zappelphilipp bin.« Dann heulte ich.

Ich erinnere mich, dass ich am Anfang des Seminars viele Männer unsympathisch fand. Eitel, bieder, Waschlappen. Ich urteilte schneller, als ich denken konnte. Doch sobald ich die Schwächen und Verletzbarkeit der Männer gesehen hatte, hörte mein inneres Urteil sofort auf. Vielleicht erweckten sie so etwas wie Mitgefühl oder Demut in mir. Die Schicksale der Männer um mich herum lehrten mich, mein eigenes, vergleichbar leichtes Leben wertzuschätzen.

Es gab Vergewaltiger und Vergewaltigte, Geschiedene, die seit Jahren ihre Kinder nicht gesehen hatten, Unfallopfer, Alkoholiker, Drogensüchtige, Väter, die ihre Kinder verloren hatten, Soldaten, Hurensöhne, Verstoßene und Gebrochene. Kein Mann ohne Schicksal. Was war ich schon dagegen mit meiner Vergangenheit als Säufer, Kiffer und Kokser, mit meinem längst vergessenen Liebeskummer und meinen Vaterkomplexen?

Zwischen den weinenden und schlotternden Männern erkannte ich plötzlich diese gewaltige Kraft. Was wäre, wenn wir weniger Energie in die Unterdrückung unserer Gefühle stecken würden und stattdessen anderen helfen würden, ihre Wunden zu heilen?

Während des gesamten Seminars schlief ich unruhig. Ich wälzte mich zwischen Albträumen und fror in meiner viel zu kleinen Koje. Am liebsten wäre ich weggelaufen. Nach Hause, ins Bett, zu meiner Frau, an ihre Brust – ich wusste, dass ich noch weit davon entfernt war, ein Mann zu sein.

Morgens um halb sieben wurden wir geweckt, meditierten dann zusammen in Stille, hörten den Predigten der Seminarleiter zu und gingen in Zen-Manier in Zeitlupe zum Frühstück. Wir entschleunigten, entrunzelten unsere Stirn, lächelten und fragten nie, was jemand von Beruf sei.

Die Vormittage verbrachten wir meist in der ofengeheizten Hütte und saßen in der Runde, machten gemeinsam Übungen und lernten uns noch besser kennen. Unsere Rollen interessierten nicht. Wir saßen zusammen und fühlten uns verbunden. Wir waren Enthusiasten. Die Suche nach einer neuen Art des Mannseins schweißte uns zusammen.

Nachmittags gingen wir in den Wald, erkundeten die Natur, machten Feuer oder trommelten gemeinsam.

In den fünf Tagen durchliefen wir die Hölle, die Kreuzigung, die Auferstehung, die Taufe, die Einsamkeit und immer wieder Kälte. Wir waren 71 Männer und 18 Helfer. Wir wuchsen zusammen in unserer Nacktheit und Verwundbarkeit wie Soldaten im Krieg. Es war nicht schwer, sich vorzustellen, dass wir in einem früheren Leben schon etliche Schlachten zusammen geschlagen haben könnten.

Ich habe viele Freunde und Verwandte, die alles Spirituelle kategorisch ablehnen. Dabei wäre es für sie die Rettung. Viele von ihnen wagen nicht, die erste Frage über sich zu stellen – nämlich ob sie das Leben führen, dass sie wirklich führen möchten. Oder ob sie das Leben führen, dass ihr Umfeld von ihnen erwartet. Schon an dieser Frage scheitern die meisten, denn sie wissen, dass tausend weitere Fragen folgen würden. Ein emotional gesunder Mensch ist in der Lage, alle seine Gefühle zu betrachten. Da wir in einer emotional unterdrückten Kultur aufwachsen, kenne ich niemanden außerhalb der spirituellen Welt, den ich als emotional gesund bezeichnen würde. Die meisten Menschen leben ein vorhersagbares, mechanisches Leben ohne Abwechslung, Abenteuer oder Veränderung. Ohne Tiefgang, ohne Herzenswärme und vor allem ohne annähernd ihr Potenzial auszuschöpfen.

Lassen Sie mich einen Freund explizit herauspicken, denn er ist ein Härtefall und gleichzeitig Synonym für Millionen von Männern. Nennen wir diesen Freund Philip. Er würde dieses Buch nicht mit der Kneifzange anfassen. Philip soll hier für einen großen Prozentsatz der Männer in unseren Breiten einstehen, die still vor sich hin leiden und es nie wagen würden, so etwas wie ein Männerseminar zu besuchen.

Philip gehört der deutschen Mittelschicht an, geht einer geregelten Arbeit nach und kleidet sich dem Dresscode der Branche entsprechend. Er isst vornehmlich deutsches oder italienisches Essen und hat eine Frau, die besser aussieht als er selbst. Er findet es normal oder sogar lobenswert, dass er sich emotional nicht öffnen kann und mit einer Panzerrüstung durch die Welt wandelt. Er hat Strategien entwickelt, gerade so weit offen und verbindlich zu sein, dass er nicht auffällt und ausgegrenzt wird.

Philip hat Ausschlag (kann auch durch eine andere Krankheit ersetzt werden: Alkoholismus, Reizdarm oder Schlimmeres). Er sieht in Badehose ziemlich widerlich aus, obwohl er ziemlich fit ist. Er nässt. Außerdem schuppt er. Er hat keine Ahnung, dass ihm seine Haut etwas sagen möchte. Allein der logische Gedanke (mentales Problem à offene Haut à eklige Schuppen) kommt ihm nicht in den Sinn, obwohl Philip ein extrem logischer Mensch ist.

Philip muss sich bemühen, offen zu reden. Am liebsten lässt er andere sprechen. Philip kann sich der Welt höchstens durch einen winzigen Spalt öffnen. Aber das ist ihm nicht klar, denn er kennt das Gefühl der weit offenen Tür nicht.

Philips Freunden geht es nicht anders. Die meisten besaufen sich mindestens einmal pro Woche. Dann vergessen sie auch die körperlichen Beschwerden. Der eine hat Haut, der nächste Rücken, die meisten erste Anzeichen einer Depression. Fast jeder von ihnen hat ab und zu Selbstmordgedanken. Aber nicht schlimm. Muss man nicht drüber reden. Ist freitags wieder weg.

Ich erinnere mich, wie ich mein erstes spirituelles Buch (Eckhart Tolle: *Eine neue Erde*) in einen Pappumschlag gebunden habe, um es auch in der U-Bahn lesen zu können, ohne mich zu schämen. Dann schämte ich mich trotzdem, weil nur Spießer ihre Bücher mit Packpapier einschlagen. Aber das Buch war so spannend, dass ich es lesen musste. Darin stand, dass meine Scham rein künstlich war und Gefühle wie Minderwertigkeit oder Zukunftsängste keiner gesonderten Aufmerksamkeit bedurften. Ich schämte mich also für die Sache, die mir die Lösung zum Schämen lieferte.

Und weil das alles so seltsam und verrückt ist, glauben mehr als neunzig Prozent der Männer, dass Spiritualität und Selbstfindung nichts für sie ist. Männerseminare erst recht nicht.

Für mich war der Männerpfad eine der tiefgreifendsten Erfahrungen meiner spirituellen Entwicklung.

Woher kommt die Methode?

Der amerikanische Franziskanerpater Richard Rohr gründete 1983 eine spirituelle Männerbewegung namens MALEs – Men as Learners and Elders. Unter dem Dach des Centre for Action and Contemplation in Albuquerque, New Mexiko soll MALEs die Spiritualität von Männern fördern. Die Organisation möchte einen Initiationsritus anbieten, der Männer in ihrer Rolle als Mann bestärken möchte. Die Gruppe Männerpfade hat sich 2007 in Österreich nach einer von Richard Rohr geleiteten Initiation gegründet.

Initiationsriten gibt es in fast allen Religionen. Im Christentum sind es Taufen oder Konfirmationen, im Judentum die Bat Mitzwa, im Hinduismus die Upanayana.

Manche Mythen und Riten sind geheim, weil sie sonst ihren Wert und ihre Wirkung verlieren. In fast allen Riten macht der Novize eine Wiedergeburt durch. Er stirbt symbolisch und durchläuft verschiedene Proben und Aufgaben. Er muss körperliche Herausforderungen meistern und wird als erwachsener Mensch wiedergeboren.

Für wen ist Männerpfade geeignet?

Natürlich können bei diesen Seminaren nur Männer teilnehmen. Grundsätzlich kann jeder Mann bis 55 Jahre ohne Einschränkungen an der Initiierung teilnehmen. Männer höheren Alters müssen einen Fragebogen zu ihrer Fitness ausfüllen.

Homsexuelle sind explizit dazu eingeladen, an Männerpfaden teilzunehmen. Gerade sie bilden einen wichtigen

Bestandteil für den Aufbau von Toleranz und den Abbau von Ängsten, was letztendlich zu einem entspannteren Umgang miteinander führt.

Was bringt das Ganze?

Männerpfade versucht, Männer zu lebenslangem, spirituellem Lernen anzuleiten. Im Seminar erfahren Männer, dass echte Männlichkeit Stärke und Schwäche zugleich bedeutet. Die *Elders* – zu Deutsch: die Ältesten – fungieren als weise Mentoren und geben Führung, Bestärkung und Begleitung an Novizen und frisch Initiierte weiter.

Der Initiationsritus an sich ist allerdings erst der Beginn der Transformation zu einer wahrhaftigeren Männlichkeit, ohne aufgeplustertes Getue und vorgegaukelte Kraft. Die Erfahrungen des Seminars entfalten sich erst in den Wochen und Monaten danach. Die Lektionen werden die Teilnehmer ihr Leben lang begleiten.

Was ist so genial daran?

Männer sind häufig unzufrieden mit ihren Rollen in der Familie, dem Beruf und in der Gesellschaft. Wir fragen uns ständig, was der Sinn unseres Lebens eigentlich ist. Wir scheitern an den Männlichkeitsidealen, die uns von Filmen, Bildern und Geschichten vorgegeben werden. Wir haben allgemein eine Krise.

Männerpfade kann uns durch diese Krise leiten. Wenn wir nicht mehr versuchen, unsere tiefste Verletzung zu verbergen, uns Schutzpanzer anzuziehen und uns aufs

Aggressivste zu verteidigen, kann unser wahres Ich zum Vorschein kommen.

Gibt es etwas Ähnliches?

Geschlechterspezifische Kurse können den entscheidenden Unterschied ausmachen. Antrainiertes Rollengehabe, das auf das andere Geschlecht wirken soll, kann hier wegfallen. Es ist manchmal vertrauter, sich als Frau in einem Kreis der Frauen und als Mann in einem Kreis der Männer zu bewegen.

Ein hervorragendes Seminar für Frauen finden Sie hier: www.meerfrausylt.de

Wo? Wer? Wann? Was?

Leider finden die Männerseminare von MALEs nur einmal im Jahr statt, abwechselnd in Deutschland und Österreich. Es werden maximal siebzig Männer pro Seminar zugelassen. Die Kosten für die fünf Tage liegen bei 450 Euro inklusive Übernachtung und Verpflegung.

Den Leitern von Männerpfade geht es ausschließlich um die Weitergabe männlicher Spiritualität und nie um Profit und Gewinnmaximierung.

Literatur, Internet, Apps und Tipps

Auf www.maennerpfade.de finden Sie alle Informationen. Für Österreicher: www.mannsein.at

Es gibt unter www.maennerpfade.de/netzwerk ein Männer-Netzwerk, das sich in Foren austauscht und regelmäßige Treffen veranstaltet.

Von MALEs-Gründer Richard Rohr gibt es mehrere gute Bücher. Zum Einstieg empfehle ich *Vom wilden Mann zum weisen Mann*. Wer die Möglichkeit hat, kann seine Initiierung auch direkt bei ihm machen – in New Mexico finden regelmäßige Seminare mit Richard Rohr statt: https://cac.org/

Der schnelle Weg

»Die schlechte Nachricht ist, dass du einfach fällst und dich an nichts festhalten kannst. Die gute Nachricht ist, dass es keinen Boden gibt.«
Chögyam Trungpa Rinpoche

Es gibt Methoden, die zu schnellem Glück führen. Dafür halten sie leider meist nur kurz an. Doch manchmal haben wir keine Zeit, lange Meditationen und Transformationen zu machen, um eines fernen Tages unser Ziel zu erreichen. Wenn es Ihnen für eine bestimmte Situation an Energie mangelt oder an Disziplin und Klarheit für ein anstehendes Projekt, dann kann Ihnen der schnelle Weg sofort helfen.

Ich leide immer wieder unter Prokrastination – Aufschieberitis. Jeder kennt das Problem. Ich habe diesen Schwachpunkt schon unzählige Male bearbeitet, transformiert, verflucht und unterdrückt, ans Licht geholt und gehuldigt. Und doch taucht diese Krankheit immer wieder auf. Wie eine lästige Ohrenentzündung – da helfen auf die Schnelle nur Antibiotika. Die Ursache ist schwer zu entdecken.

Ich habe auch häufig das Problem, dass ich mich nicht entscheiden kann. Soll ich Anfang des Jahres Urlaub machen oder lieber vor Weihnachten oder am besten ganz zu Hause bleiben und meine Firma nach vorn bringen? Auch hier hilft die Welt der Spiritualität leicht und prompt.

Schlimm wird es immer, wenn ich in eine Durchhänger-Phase rutsche. Manchmal gibt es Wochen oder Monate, in denen ich am liebsten gar nichts machen würde, den ganzen Tag im Bett verbringe, Videos gucke und Bücher lese. Anstatt dabei immer unzufriedener zu werden und irgendwann gar nichts mehr zu schaffen, helfe ich mir mit einfachen Mitteln, die ich Ihnen in diesem Kapitel vorstellen möchte.

Hypnose

»Wenn man über eine Sache nicht genau Bescheid weiß,
wird das mangelnde Wissen häufig durch Vorurteile ersetzt.«
Walter Bongartz, Hypnotiseur

Um es vorweg zu nehmen: Ich habe keine Erklärung dafür,
wie Hypnose funktioniert. Ich möchte mich auch gar nicht
in die Arena der Theoriediskussionen begeben. Ich kann
Ihnen nur sagen, *dass* sie funktioniert, zumindest bei mir.
Natürlich hat Hypnose nichts mit dem »Gackern Sie wie ein
Huhn!«-Klamauk aus Fernsehshows zu tun. Es ist vielmehr
ein Zustand totaler Entspannung, der zu einer Art Trance
führt.

Mein Hypnotiseur wurde mir von einer Bekannten empfohlen. Er sei ein bisschen komisch, aber ziemlich brillant,
sagte sie mir.

»Jahierhaffmanns«, hörte ich am Telefonhörer. Der Mann
war nicht nur »ein bisschen komisch«. Er gehörte anscheinend zu jenen Menschen, deren Zunge nicht genügend Raum
in der Mundhöhle findet und den Worten im Weg steht.

»Wasngenaudasproblemdassiehierlösenmöchten?«

»Ich leide unter Prokrastination. Ich habe eine Deadline für
ein Projekt und tue alles – nur nicht an dem Projekt arbeiten«,
sagte ich.

»Würdeihnenfreitagvierzehnuhrpassen?«

Ohne die Empfehlung meiner Bekannten wäre ich niemals
zu dem Termin erschienen. Doch sie hatte ihre Erfahrungen

mit dieser Hypnose so eindrücklich beschrieben, dass ich mir diese Chance nur wegen etwas Nuscheln nicht entgehen lassen wollte.

Meine Bekannte hatte vor ihrer Hypnose sehr unter den Umgangsformen bei ihrer Arbeit gelitten. Sie war regelrecht gemobbt worden: Sie wurde als unfähig, inkompetent und dumm dargestellt und mehr als einmal mit einer Prostituierten verglichen. Sie fühlte sich seit Jahren erniedrigt und gedemütigt, ihr Selbstwertgefühl und ihr Selbstvertrauen lagen im Keller. Sie traute sich nicht, gegen die Vorgesetzten das Wort zu erheben; aus Angst, noch mehr schikaniert zu werden.

Als sie drei Hypnose-Sitzungen von jeweils zwei Stunden absolviert hatte, warf ihr Chef bei einer Konferenz wieder einmal einen seiner Chauvi-Sprüche in die Runde. Er war konkret auf meine Bekannte abgestimmt. Die meisten Männer lachten. Die Frauen nicht.

Nach der Konferenz sammelte meine Bekannte ihr durch die Hypnose gewonnenes Selbstvertrauen und ging auf ihren Chef zu, der in der Teeküche stand.

»Ich möchte nie wieder, dass Sie mich in die Ecke der Prostitution stellen«, sagte meine Bekannte in ruhigem, aber bestimmtem Ton.

Dem Chef fiel die Kinnlade auf den Boden.

»Das – äh, wollte ich nicht. Habe ich ganz und gar nicht so gemeint. Aber liebe Frau B., das wäre ja. Also. Bitte entschuldigen Sie. Ich garantiere, dass dies nie wieder vorkommen wird.«

Meine Bekannte nickte, goss sich einen Kaffee ein und ging erhobenen Hauptes zurück an ihren Arbeitsplatz. Bis heute werden in der Konferenz keine Chauvi-Sprüche mehr gemacht.

Mehrere Studien belegen, dass Hypnose Vorgänge in den Gehirnzentren verändert. Unter Hypnose können verschiedene Verbände von Nervenzellen nicht mehr miteinander kommunizieren. So können Mechanismen umgangen werden, die uns normalerweise davon abhalten, bestimmte Verhaltensmuster oder Erinnerungen bewusst wahrzunehmen. Hypnose kann das Selbstwertgefühl und damit den ganzen Auftritt einer Person verändern.

»Machensiejetztihreaugenzuundwerdeninnerlichruhig«, begann meine erste Hypnose-Sitzung. Ich schloss also meine Augen und versuchte, innerlich ruhig zu werden. Entgegen meiner Erwartungen musste ich weder Pendel noch sonst irgendein Objekt anstarren. Vielleicht war das Nuscheln sein Trick. Ich driftete auf jeden Fall ziemlich schnell in einen Zustand zwischen Schlafen und Wachsein. Ich hörte die Stimme des Hypnotiseurs aus weiter Ferne, sah Bilder in meinem Kopf aufsteigen und hörte Geräusche, die nicht an diesen Ort gehörten.

Der Hypnotiseur sagte mir, dass ich ab jetzt jeden Morgen um acht Uhr dreißig an meinem Schreibtisch sitzen und arbeiten würde. Um elf Uhr Pause. Weiter würde es gegen 17 Uhr gehen. Er malte ein paar hübsche Bilder davon, wie befriedigend das Projekt verlaufen würde, welchen überwältigenden Erfolg ich damit hätte und dass ich eines Tages zu den Großen unserer Zeit gehören würde.

Fast eine Stunde verbrachte ich in dieser Trance. Dann sagte er mir, ich solle langsam meine Augen öffnen und mich im Raum umschauen.

»Wiegehtsihnen?«

»Gut«, sagte ich. »Habe ich geschnarcht?«

Am nächsten Morgen saß ich um acht Uhr dreißig am Schreibtisch und arbeitete wie mir geheißen bis elf Uhr. Am späten Nachmittag machte ich weiter. Jetzt ist es 19 Uhr und ich habe dieses Kapitel fast beendet.

Nachtrag: Mit dem Abstand von drei Monaten muss ich hier einfügen, dass die Disziplin lediglich ein bis zwei Wochen anhielt. Ich hätte also wieder zu meinem nuschelnden Hypnotiseur für eine Auffrischung gehen müssen, war aber nicht bereit, noch mal zweihundert Euro zu zahlen. Das Manuskript ist ja auch so fertig geworden. Auch wenn ich die Deadline nicht eingehalten habe.

Woher kommt die Methode?

Hypnose gab es schon im alten Ägypten, wie dreitausend Jahre alte Papyrusrollen belegen. Die moderne Wissenschaft nahm Hypnose im achtzehnten Jahrhundert als Phänomen wahr. Größen wie Friedrich Engels und Sigmund Freud übten sich darin. Im neunzehnten Jahrhundert erlebte Hypnose ihren ersten Hype. Es gab sogar öffentliche Hypnose-Shows. Diese Veranstaltungen fanden damals in Zirkuszelten statt und zogen Hunderte von Menschen an. Dieser Ruf hält bis heute an: Hypnose leidet noch immer unter dem Stigma, dass nur leicht beeinflussbare, willensschwache und hysterische Personen dieser Methode verfallen und dass Menschen unter dem Einfluss von Hypnose zu jeder noch so absurden Handlung manipuliert werden können. Das ist natürlich Unsinn.

Tatsächlich geht es bei Hypnose darum, eine direkte Verbindung zum Unterbewusstsein aufzubauen Dadurch können bestimmte Verhaltensmuster – insbesondere Suchtverhalten – besser therapiert werden.

Für wen ist Hypnose geeignet?

Jeder Mensch ist grundsätzlich hypnotisierbar. Das ist in uns angelegt, so wie die Fähigkeit zum Tagträumen. Allerdings sind etwa zehn Prozent aller Menschen nicht in der Lage, in den Zustand der Tiefenhypnose vorzudringen. Die Hypnotisierbarkeit eines Menschen hängt nicht von seiner Intelligenz ab. Es scheint aber einen Zusammenhang zu geben zwischen hoher Kreativität und guter Hypnotisierbarkeit. Auch Menschen, die völlig in einer Aktivität aufgehen können und alles um sich herum vergessen, sind gut hypnotisierbar.

Was bringt das Ganze?

Therapeutisch angewandte Hypnose arbeitet mit tiefen, unbewussten Ebenen unseres Verstands. Hypnose kann sogar bei Schmerzen, Krebs oder Psychosen helfen. Der Methode sind keine Grenzen gesetzt – denn sie arbeitet direkt mit dem Unterbewusstsein.

Bei der Hypnose geht es nicht um Entspannung, sondern um die Veränderung einer inneren Realität. Im Hypnosezustand können zum Beispiel heikle oder verdrängte Bilder aus der Vergangenheit auftauchen, auf die der Hypnotisierte mit Schweißausbrüchen oder erhöhtem Herzschlag reagiert. Mithilfe des Therapeuten können diese Bilder während der Hypnose verändert werden und dadurch ihre Macht über das Unterbewusstsein verlieren.

Was ist so genial daran?

Hypnose ist direkt und einfach und kann schnell große Erfolge hervorbringen. Im Gegensatz zur Meditation steht bei der Hypnose vor allem ein therapeutischer Ansatz im Vordergrund. Um langfristige Veränderung zu verzeichnen, muss eine längere Hypnosetherapie angestrebt werden – und die kann recht kostspielig werden.

Literatur, Internet, Apps und Tipps

Als Literatur empfehle ich Ihnen *Hypnose: Wie sie wirkt und wem sie hilft* von B. und W. Bongartz, erschienen bei Nikol.

Wenn Sie selbst einen Hypnotiseur aufsuchen möchten, sollten Sie im Internet unbedingt vorher seine Bewertungen lesen. Außerdem können Sie Freunde und Bekannte fragen, die bereits Erfahrung in Hypnose gesammelt haben – Direktempfehlungen sind fast immer die besten.

Singen und Tanzen

»If you want to sing out – sing out.
If you want to be free – be free.
Cause there's a million ways to be.«
Cat Stevens, Musiker

Wenn es Ihnen schlecht geht – singen Sie. Wenn Sie dann auch noch tanzen, wird sich Ihre Stimmung sofort verändern. Selbst wenn Sie sich dabei albern oder unbeholfen vorkommen – es muss Sie ja keiner sehen. Vor allem bei Wut oder Frustration kann es wahre Wunder wirken, die Stereoanlage voll aufzudrehen und sich die Sorgen vom Leib zu tanzen.

Wenn Sie inzwischen gemerkt haben, dass die Gitarre vielleicht nichts für Sie ist, dann gibt es eine wunderbare Alternative für Sie: Singen. Und Sie müssen es noch nicht einmal erlernen, denn jeder Mensch kann singen. Singen macht glücklich. Singen ist absolut natürlich – falsche Noten sind nebensächlich und völlig menschlich. Singen ist der spirituelle Ausdruck des Sprechens. Singen verbindet, vertreibt Sorgen und bringt Menschen dazu, sich zu öffnen und ihre Gefühle auszudrücken.

Für mich bestand Singen bis zu meinem ersten spirituellen Seminar aus Kneipengegröle, Fußballgesängen und Hardrock-Konzerten. Ich wollte nicht schön singen, ich wollte hässlich singen. So hässlich und laut ich konnte. Das lag teilweise daran, dass ich meine Stimme für nicht besonders wohlklingend hielt, und teilweise daran, dass Schönsingen nicht dem rauen Ideal meiner Männlichkeit entsprach.

Heute – 15 Jahre später – fahre ich regelmäßig um die halbe Welt, um mit Menschen gemeinsam zu singen. Ich habe allein im vergangenen Jahr mit Menschen in Indien, Brasilien, Frankreich, Deutschland und Schweden gesungen. Singen verbindet. Gemeinsam spirituelle Lieder zu singen, führt uns schneller in einen Zustand der Verbundenheit und Glückseligkeit als jede Meditation. Singen macht sich die natürlich-lebendige Fröhlichkeit zunutze, die jedem inne-wohnt. Selbst der depressivste Mensch hat einen Kern dieser Freude in seiner Brust vergraben. Singen füttert diesen win-zigen Kern.

Bei keiner anderen Übung ist der Zustand der Freude und Klarheit so leicht zu erreichen.

Zu allen Zeiten und in allen Völkern wird gesungen. Kin-derlieder, rituelle Gesänge bei Beerdigungen oder Geburten, Arbeitslieder und Abschiedslieder gehören in alle Kulturen der Menschheit. Mongolischer Kehlgesang, Obertongesang oder Chanting sind Jahrtausende alte Gesangsformen und -techniken.

Eine Welt ohne Gesang wäre nicht vorstellbar.

Zum ersten Mal *schön* sang ich am Ende meines ersten Clarity-Workshops. Ich hatte auf dem Seminar mein Herz geöffnet, meinen Liebeskummer auf ein erträgliches Maß reduziert und zum ersten Mal erfahren, dass ich mehr bin als das, was in meinem Leben bisher schiefgelaufen war. Ich hatte Menschen länger als drei Sekunden ins Gesicht geschaut, sie lange umarmt und viel geheult.

Wir standen im Kreis, die Seminarleiterin hatte Krishna Das' Lied *Rama Bolo* aufgelegt und sang so wunderschön mit, dass es mich schier zerriss. Wir hatten das Lied im Laufe des Seminars schon so häufig gehört, dass ich die einfachen Sanskrit-Texte bereits auswendig kannte.

Alle hatten Tränen in den Augen. Und trotzdem versuchten alle, aus ihren engen, verweinten Kehlen mitzusingen. Es klang bestimmt nicht schön. Aber es war echtes Singen aus ganzem Herzen. Auch aus meinem.

Zum Abschluss schenkte mir die Seminarleiterin die CD. Von da an hörte ich viele Jahre lang fast täglich Krishna Das. Ich kaufte ein Harmonium und spielte einfache Akkorde zu dem Stück auf der CD. Ein paar Monate später nahm ich sogar Gesangsunterricht. Bis heute singe ich gerade beim Autofahren so laut, dass mich Menschen auf der Straße manchmal entgeistert anstarren und wahrscheinlich glauben, ich würde sie anbrüllen. Aber bei Bruce Springsteen oder Deep Purple kann ich nicht gleichzeitig freundlich gucken und mitgrölen. Leider muss ich an dieser Stelle zugeben, dass sich mein Musikgeschmack seit meinem 17. Lebensjahr nicht weiterentwickelt hat. Aber neben den alten Barden höre ich jetzt immerhin auch indische Volksmusik – die ersten leisen Töne meines Lebens.

Im vergangenen Monat war ich auf einem Gesangs-Workshop. Ein alter Osho-Jünger namens Shantidharma führt auf Sylt einmal im Jahr einen wild zusammengewürfelten Haufen zu choraler Höchstform. Shantidharma ist um die sechzig Jahre alt, Amerikaner, über einen Meter neunzig lang und wiegt dabei höchstens sechzig Kilogramm. Er ist dürr wie ein Laternenpfahl. Dazu trägt er bordeauxrote Roben, die bis auf seine nackten Füße reichen. Shantidharma ist eine Erscheinung. Allein um diesen beseelten Sänger zu erleben, lohnt sich ein Dreitageskurs bei ihm.

Fast zwanzig Männer und Frauen standen im Kreis. Shantidharma in der Mitte, seine Twelve-String im Anschlag. »Aaaaaaaa.« Wir stimmten ein. Mindestens fünf Minuten lang hielten wir den Ton, schlossen die Augen und spürten das Nachvibrieren in unseren Körpern.

Nach mehreren Übungen teilte uns Shantidharma in zwei Gruppen ein: hohe und tiefe Stimmen. Ein paar Frauen stellten sich zu den tiefen Stimmen, ein paar Männer zu den hohen. Sopran, Alt, Tenor oder Bass waren hier völlig egal.

Dann sang uns Shantidharma verschiedene Osho-Lieder vor, brachte uns geduldig die schwierigen Texte bei, trichterte uns mit viel Liebe die Melodie ein und zwei Stunden später sangen wir im Chor, als hätten wir nie etwas anderes gemacht.

Viele der Anwesenden hatten fast keinerlei Gesangserfahrung. Zu Beginn des Unterrichts waren ihre Minen angespannt gewesen. Zwei Stunden später hatte eine völlige Transformation stattgefunden und allen zwanzig Teilnehmern ein Lächeln auf die Lippen gepinselt. Wir sangen Lieder, die wir nie zuvor gehört hatten, und jeder Einzelne fühlte eine Verbundenheit mit der Gruppe, wie sie normalerweise erst nach Jahren der Freundschaft entsteht.

Shantidharma erzählte mir bei einem Spaziergang am Strand, dass er vor mehr als dreißig Jahren beim indischen Guru Osho in Pune gelandet wäre und von da an ein radikal spirituelles – *anderes* – Leben geführt hätte. Er trug stets die rote Robe der Sannyasins und die Mala – eine Holzkette mit dem Konterfei seines Meisters. Er habe nie wieder gearbeitet oder sei einem auch nur annähernd konventionellen Beruf nachgegangen.

»Ich habe Gitarrespielen gelernt. Das reichte mir. Ich bin von da an durch die Welt gereist und habe mit Menschen gesungen, getanzt und von meinen Workshops gelebt«, erzählte er. »Ich besitze nichts, ich habe keine Altersvorsorge und keinen festen Wohnsitz. Ich lebe einfach so, wie das Leben spielt.«

Shantidharma verbringt jeden Winter in Indien, reist im Sommer durch Europa und macht pro Jahr viele Hundert Menschen mit seinen Workshops glücklich. Das Angenehmste an Shantidharma ist, dass er sich nicht mit seiner Spiritualität schmückt. Er ist spirituell, ohne es aufzusetzen. Er ist einfach Mensch.

Wem das Singen nicht reicht, der kann bei Shantidharma auch einen Heartdance-Kurs belegen. Diese Kurse finden immer im Anschluss an die Gesangs-Workshops statt. Hier verbindet Shantidharma Gesang und Tanz miteinander. Einen großen Teil der Tänze bildet das sogenannte Whirling. Die Teilnehmer drehen sich dabei bis zu einer Stunde im Kreis. Ich habe großartige Dinge über die Heartdance-Kurse gehört. Da ich allerdings schon als Kind jedes Karussell in Ostwestfalen-Lippe vollgekotzt habe, wollte ich diese Option bisher noch nie wahrnehmen.

Woher kommt die Methode?
Shantidharma ist ein Mystiker und Musiker, der die meiste Zeit des Jahres im indischen Goa verbringt. In Indien hat er sein Wissen über die Lehren der Sufis mit ihren Tänzen und Gesängen erworben. Lange Jahre hat er Tanz- und Gesangskurse im legendären Osho-Ashram in Pune geleitet.

Für wen ist Singen geeignet?
Jeder kann singen. Und gerade wenn Sie meinen, komplett unmusikalisch zu sein, sollten Sie an einem dieser Kurse teilnehmen. Es wird Ihnen zeigen, dass Sie zu viel mehr in der Lage sind, als Sie bisher glaubten.

Um an den Tänzen teilzunehmen, brauchen Sie zwei gesunde Beine und ein funktionierendes Herz. Außerdem sollten Sie schwindelfrei sein – obwohl der Drehwurm angeblich nach ein paar Stunden nachlässt und Sie sich dann stundenlang im Kreis drehen können, ohne dass Ihnen schlecht wird.

Was bringt das Ganze?
Aus vollem Herzen zu singen und zu tanzen ist ein befreiendes Erlebnis. Durch das Singen im Chor lernen die Teilnehmer, sich jenseits ihrer Selbsturteile und Ängste zu sehen. Die Seminare von Shantidharma finden vor allem immer mit Humor statt. Ich habe noch keinen Teilnehmer getroffen, der am Ende des Kurses nicht lächelnd und summend den Veranstaltungsort verlassen hätte.

Was ist so genial daran?

Shantidharma versteht es brillant, aus einer Gruppe von unbekannten Menschen eine Einheit zu formen. Er gestaltet einen singenden und tanzenden Kreis, der gar nicht mehr auseinandergehen möchte. Selbst Menschen, die vorher von sich geglaubt haben, total unmusikalisch zu sein, blühen auf und kommen aus sich heraus.

Gibt es etwas Ähnliches?

Singen und Tanzen können wir auf der ganzen Welt. Ich schlage Ihnen vor, die großen spirituellen Konzerte von Krishna Das, Deva Premal oder Peter Makena zu besuchen. Häufig geben diese großen Künstler sogar Workshops in kleinen Gruppen. Oder gehen Sie auf Veranstaltungen wie das Rainbow Spirit Festival oder das Yoga Festival in Berlin, wo Sie jede Menge Gesangslehrer, Seminare, Tipps und Übungen finden.

Wo? Wer? Wann? Was?

Hier ist Shantidharmas Homepage mit allen Informationen: heartdance.jimdo.com

Literatur, Internet, Apps und Tipps

Informationen über die großen spirituellen Musiker Krishna Das, Deva Premal und Peter Makena gibt es auf ihren Websites:

www.krishnadas.com

www.devapremalmiten.com

www.makenasinging.com

Pendeln

»Wir suchen und suchen den Sinn des Lebens.
Obwohl wir doch der Sinn des Lebens sind!«
Ramana Maharshi, Guru

Es gibt Menschen, die dieses Buch sofort zuklappen würden, sobald sie auch nur das Wort »Pendeln« sehen. Zusammen mit Räucherstäbchen, weißen Gewändern und Mantra-Gesängen gilt es als der Inbegriff des lächerlichen Eso-Gehabes. Dabei bietet Pendeln eine ausgezeichnete Möglichkeit, Kontakt zu unserem Unterbewusstsein aufzunehmen.

Wenn der Verstand ein Eisberg ist, dann ist das Unterbewusstsein der Teil, der sich unter Wasser befindet. Das Bewusstsein nimmt also nur den kleinen Prozentsatz der oben schwimmenden Eiskappe ein. Wenn ein Eisberg durch Unterwasserströmungen in Richtung Süden getrieben wird, nützt es wenig, wenn Sie ein Segel auf der Eiskappe spannen und nach Norden wollen. Sie bringen damit höchstens den Eisberg in Schieflage. Nach Norden kommen Sie sowieso nicht.

Pendeln kann dabei helfen, herauszufinden, welche unterbewussten Kräfte uns treiben und in welche Richtung. Rein technisch genügt es, wenn Sie nur einen Faden nehmen und einen Stein ans Ende knoten. Natürlich ist ein Edelstein an einer Goldkette hübscher. Er hat aber keinen besseren Effekt. Es braucht nur einen pendelnden Gegenstand, über den sich das Unterbewusstsein ausdrücken kann.

Nehmen wir an, Sie hätten Flugangst. Ein erster Schritt zur Heilung dieser Angst wäre, herauszufinden, welche Ursache sie eigentlich hat. Gab es eine bestimmte Situation oder Person, die sie ausgelöst hat? Der zweite Schritt wäre, Ihrem Unterbewusstsein klarzumachen, dass diese Situation längst vorbei ist und heute keine Bedeutung mehr hat. In einem dritten Schritt würden Sie Ihre neuen Erkenntnisse in der Realität anwenden.

Ich bin vor zwanzig Jahren zum ersten Mal mit dieser Methode in Berührung kommen. Ich saß am Ammersee, erholte mich von einer Radtour, blickte über den See und sah plötzlich ein laminiertes Plakat an einem Fahnenmast kleben.

Pendel dich frei, las ich. Daneben eine nicht-esoterisch aussehende Frau in meinem Alter mit einem Pendel in der Hand. In war neugierig. Pendeln passte nicht ganz in mein Weltbild, doch ich suchte unentwegt und unbestimmt nach einer Methode, meinen unruhigen Geist zu bändigen.

Ich ging zu dem Plakat und wählte die Münchener Nummer, die darauf stand.

»Challo. Chier ist Katarina.«

»Timm Kruse hier«, sagte ich und wollte am liebsten auflegen, traute mich aber nicht.

»Wie kann ich Ihnen chelfen?«

»Ich dachte, ich könnte vielleicht einen Kursus im Pendeln bei Ihnen belegen.«

»Das ginge. Wann würde es Ihnen denn passen?«, fragte Katarina. Ihr russischer Akzent war hart, ihre Stimme hingegen sanft und timbriert.

»Jetzt?«

»Jetzt. Nein. Das geht nicht. Warten Sie.«

Katarina schien zu kramen.

»Wissen Sie was?« Ich fand nicht, dass ich auf diese Frage antworten musste. »Kommen Sie vorbei. Cheute ist ein guter Tag.« Sie gab mir eine Adresse in Schwabing.

Katarina sah besser aus, als sie sich am Telefon anhörte, und war etwas jünger als ich. Sie gab mir ihre kalte, dünne Hand und bat mich ins Wohnzimmer. Wasserfälle hingen in Bilderrahmen. Abstrakte Landschaften und exotische Tiere waren auf Wänden, Decken und Möbeln abgebildet.

»Chören Sie«, sagte Katarina, »legen Sie für die Zeit, in der Sie bei mir sind, Ihren alten Lebensplan beiseite. Öffnen Sie sich für Neues und schauen Sie dann Ihren alten Plan wieder an.«

Ich nickte. Und hatte Angst. Konnte diese Frau in meine Zukunft sehen? Hatte sie übernatürliche Kräfte?

»Um uns selbst zu verstehen, müssen wir Kommunikation mit unserem Unterbewusstsein aufnehmen. Wir brauchen praktisch eine Telefonverbindung zu unserem unterbewussten Selbst.«

Ich wurde noch unruhiger. Katarina nahm ein Säckchen aus einer Kiste und gab mir einen kleinen Stein, der an einer Kette hing.

»Kontakt mit Unterbewusstsein aufzunehmen ist das Wichtigste, das du für dich tun kannst.«

Wieso duzte sie mich auf einmal? Weil ich jetzt ein Pendel in der Hand hielt?

»Viele Menschen sind Methode gegenüber skeptisch. Das war ich auch. Aber gib Ganzem Chance, du wirst verblüfft sein.«

Katarina musste Gedanken lesen können. Oder hatte ich ein so abwertendes Gesicht aufgesetzt, dass sie meine Skepsis beschwichtigen musste?

»Wir pendeln von links nach rechts und wieder zurück und sagen dabei laut zu Unterbewusstsein, dass jetzt wir von links nach rechts pendeln.«

Ich tat wie mir geheißen.

»Jetzt vor und zurück. Im Kreis linksherum. Rechtsherum.«

Ich hatte Katarina am Anfang des Gesprächs hundert Mark auf den leopardbestickten Tisch gelegt. Wenn ich das nicht getan hätte, wäre ich jetzt vermutlich gegangen.

»Jetzt fragen wir UB, was ›ja‹ bedeutet.« Katarina saß im Schneidersitz und pendelte über ihrem Schoß. Ich machte es ihr nach.

»Liebes Unterbewusstsein. Bitte sage mir, welche dieser vier Richtungen ›ja‹ bedeutet.« Ich erwartete keine Regung von dem grünen Quader. Doch plötzlich schwang das Ding von links nach rechts. Ich war verblüfft. Zufall? »Bitte sage mir, was ›nein‹ bedeutet.« Es pendelte von vorn nach hinten. »Und was bedeutet ›ich weiß es nicht‹?« Es dauerte einen Moment. Doch dann entschied mein Pendel, sich gegen den Uhrzeigersinn zu drehen. »Und was bedeutet ›sage ich dir nicht‹?« Sofort schwang das Pendel im Kreis mit dem Uhrzeiger. Hatte ich die Bewegung provoziert? Oder antwortete wirklich mein Unterbewusstsein auf diese Fragen? Das konnte doch nicht sein! Dieser esoterische Quatsch funktionierte doch nicht etwa tatsächlich.

»Wir chaben jetzt Pendel kalibriert. Chat geklappt, oder?« Katarina schaute mich herausfordernd an. Dann gab sie mir eine DIN-A5-Karte mit Prozentangaben von Null bis Hundert. Die einzelnen Zahlen waren wie ein Fächer von links nach rechts aufgezeichnet.

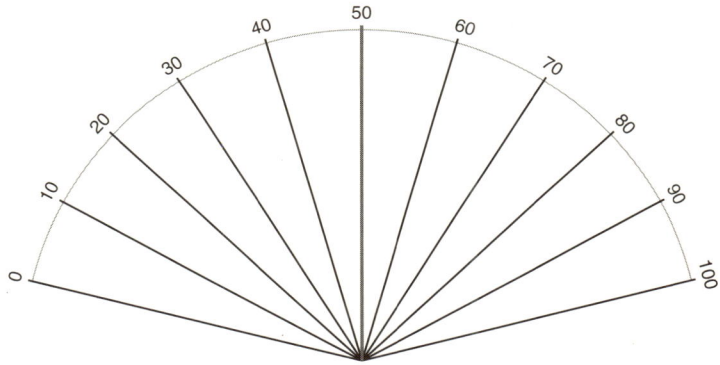

Katarina forderte mich auf, mein Pendel nach den einzelnen Zehnerpotenzen zu kalibrieren. Als ich damit fertig war, sagte sie: »Jetzt werden wir die erste richtige Kommunikation mit UB beginnen.«

Ich nickte und war sehr aufgeregt.

»Beginne einfach nette kleine Plauderei. Sei offen und unvoreingenommen. Die erste Frage ist: Liebes Unterbewusstsein, zu welchem Grad möchtest du mit mir sprechen?«

Ich hielt mein Pendel über das Schaubild mit den Prozentangaben und wiederholte die Frage. Fast eine Minute passierte gar nichts. Doch dann fing mein Pendel ganz langsam an, über der Achtzig hin- und herzuschwingen. Vor Verblüffung fiel mir das Pendel aus der Hand. Katarina sah mich an und lachte.

»Ich habe noch ein paar Fragen für dich.« Ich pendelte aus, wie viel Angst mein Unterbewusstsein vor dieser Art der Kommunikation hat und ob es bereit wäre, ehrlich über diese Ängste zu sprechen. Mein Pendel zeigte bei jeder Frage schneller auf eine bestimmte Prozentzahl. Es hatte fast keine Angst und wollte unbedingt mehr über diese seltsame Methode erfahren. Ich fragte es aus, ob meine Ex mich noch liebte, ob ich jemals ein erfolgreicher Schriftsteller sein würde und ob ich gesund alt werden würde. Ich pendelte über eine Stunde lang, bis Katarina eine Teepause vorschlug.

»Wir machen jetzt chalbe Stunde Pause und lassen das alles sacken. Okay?« Ich nickte. Katarina verschwand in einem Flur und ließ mich allein.

Ich starrte einen Wasserfall an und holte mein Pendel aus der Hosentasche: »Liebes Unterbewusstsein. Bitte sage mir, ob ich dieser Katarina trauen kann.« Mein Pendel fing ganz schüchtern an, sich im Uhrzeigersinn zu drehen. Natürlich hatte ich vergessen, was diese Antwort bedeutete.

Plötzlich kam Katarina zurück ins Zimmer.

»Ah. Du pendelst schon weiter.«

»Weißt du noch, was es bedeutete, wenn sich mein Pendel im Uhrzeigersinn dreht?«

Sie schloss die Augen.

»Ein Drehen im Uhrzeigersinn bedeutet bei dir ›Ich sage es dir nicht‹.« Was sollte ich damit anfangen? Ich schaute Katarina an. Sie lächelte.

»Ich habe mal gehört, dass Menschen sogar die Zukunft erpendeln und so.«

»Ja ja, ich weiß. Lottozahlen und Wahlen und so Kokolores. Chüte dich vor solchen Kawacksalbern.« Sie sprach das Wort aus, als würde es Mundfäule auslösen. »Es mag vielleicht ein paar Menschen geben, die jenseits ihres eigenen Hier und Jetzt pendeln können. Ich chabe allerdings noch nie so jemanden getroffen. Sei dir gewiss, dass wir das chier nicht probieren werden. Wir benutzen das Pendel ausschließlich, um mit Unterbewusstsein Kontakt aufzunehmen. Das ist alles.«

Katarina drückte mir einen Zettel in die Hand, auf dem fünfzig Pendelfragen standen.

»Als Anregung. Damit dir Pendeln nicht zu eintönig wird.«

Wir pendelten noch eine halbe Stunde lang. Dann sagte sie, ich wäre ein guter Schüler gewesen und bräuchte ihre Hilfe jetzt nicht mehr.

Woher kommt die Methode?

Der Ursprung des Pendelns liegt viele Tausend Jahre zurück. Eine mögliche Erklärung des Phänomens ist schwierig. In vielen verschiedenen Kulturen wird gependelt.

Für wen ist Pendeln geeignet?

Pendeln ist besonders für Menschen hilfreich, die ungeklärte Fragen an sich selbst haben oder mit unbegründeten Ängsten zu kämpfen haben. Es ist eine einfache Möglichkeit der Kommunikation mit dem Unterbewusstsein. Da jeder Mensch ein Unterbewusstsein hat, kann auch jeder pendeln.

Was bringt das Ganze?

Pendeln ist eine Methode, mit der Sie über ein Instrument sichtbaren Kontakt zu Ihrem Unterbewusstsein aufbauen können. Es kann Ihnen ganz direkte Antworten auf Fragen liefern, die Sie vielleicht seit Jahren mit sich herumschleppen.

Was ist so genial daran?

Pendeln ist einfach. Jeder kann die Methode innerhalb einer halben Stunde lernen. Selbst Menschen, die nicht daran glauben, bringen ein Pendel zum Schwingen. Das liegt wahrscheinlich an dem sogenannten Carpenter-Effekt. Er besagt, dass wir das Pendel durch unbewusste kleine Muskelbewegungen in eine bestimmte Richtung bewegen. So erhalten wir die Meinung unseres Unterbewusstseins zu einer bestimmten Frage, statt der Antwort unseres bewussten Verstandes.

Gibt es etwas Ähnliches?

Wenn Sie im Pendeln geübt sind, können Sie auch im Kopf pendeln – also ohne Instrument. Dies erfordert allerdings eine Menge Übung.

Sie können auch eine Münze werfen und fühlen, ob Sie mit der Antwort zufrieden sind. Dann wissen Sie auch, was Ihr Unterbewusstsein will – oder nicht will.

Wo? Wer? Wann? Was?

Leider finde ich die Adresse von Katarina nicht mehr. Vielleicht ist sie zurück nach Russland gegangen.

Sie können aber einfach mithilfe der Erklärung von oben und der Pendeltafel selbst ohne Hilfe von außen lospendeln.

Literatur, Internet, Apps und Tipps

Auf YouTube finden Sie verschiedene Anleitungen zum Pendeln. Sie können es aber auch einfach selbst mit der oben beschriebenen Methode versuchen.

Der transformative Weg

»Das Mysterium findet im Hauptbahnhof statt.«
Joseph Beuys, Aktionskünstler

Wenn wir uns in einer bestimmten Umgebung bewegen, färbt diese Umgebung auf uns ab. Wir hören zum ersten Mal ein bestimmtes Musikstück und kommen in eine ganz andere Stimmung. Wir betreten ein altes Kloster und fühlen plötzlich etwas, das wir vorher nicht fühlten. Etwas Äußerliches schafft eine Veränderung im Innern.

Transformation ist ein ganz natürliches Phänomen und findet in jedem Fußballstadion, jedem Supermarkt und jedem Zugabteil statt. Wer sich eine spirituelle Transformation wünscht, sucht sich einen Guru, lebt in spirituellen Gemeinschaften oder besucht Klöster. Wer auf seiner Suche seinen rationalen Verstand verloren hat, sucht diese Transformation in einer Sekte.

Mit dem Phänomen der Transformation spielt der spirituelle Markt. Durch meine Neugierde und meinen Beruf als Journalist habe ich im Laufe der Zeit erfahren, wie finanztüchtig die Verkäufer in dieser Szene sind. Trotzdem habe ich eine ganze Menge ausprobiert: Ich setzte mich auf Spiri-Messen in Edelstahlpyramiden, um eine direkte Verbindung zu Gott herzustellen, ließ mir Engel um den Hals hängen, um beschützt zu werden, ich ließ meine Aura fotografieren, tanzte zum Fünfvierteltakt eines Sufi-Meisters und klopfte meinen Körper ab, um meine Chakren zu öffnen. Ich bewegte mich in einer Welt aus Pseudo-Beseelten, Schundverkäufern und Rattenfängern – und fühlte mich sauwohl dabei.

Zum Glück war ich nie wohlhabend und konnte mir die meisten Gerätschaften wie Edelstahlpyramiden und

Edelsteine nicht leisten. Also probierte ich Orte und Menschen aus, von denen ich mir eine Transformation versprach: Klöster, Gurus und spirituelle Gemeinschaften. Diese Orte können bei uns etwas auslösen, das wir nicht messen oder begreifen können. Wir können es nur fühlen.

Klöster

»Gratuliere, Sie kennenzulernen.«
Begrüßung auf Île Saint-Honorat

Es gibt Orte auf unserem Planeten, die eine Art heilige
Atmosphäre haben. Es sind die Orte, an denen wir uns
sofort wohlfühlen, die uns ruhig und friedlich stimmen.
Orte, an denen unsere Seele – oder wie auch immer wir den
spirituellen Teil in uns nennen möchten – sich sofort zu
Hause fühlt.

Ein solcher Ort ist Île Saint-Honorat, eine winzige Insel an
der Côte d'Azur, einen knappen Kilometer von Cannes entfernt. Es gibt dort eine Atmosphäre, die unserem Körper
schmeichelt, die wir fast nicht spüren, so perfekt ist sie –
zumindest außerhalb der Sommerferien. Auf dieser Insel
befindet sich das Kloster Abbaye de Lérins, in dem ich die
schönsten, ruhigsten Nächte meines Lebens verbracht, Bücher
fertig geschrieben und Mönche kennengelernt habe, die mich
nur durch ihr Schweigen zu Tränen rührten.

Ich habe lange überlegt, ob ich dieses Kloster hier tatsächlich mit Namen nennen sollte. Denn ich möchte diesen wun-
derbaren Ort nicht mit unnötiger Publicity überschütten. Doch
die Plätze auf den Fähren zur Insel sind begrenzt, es gibt
lediglich dreißig Betten im Kloster für Alleinreisende und
eine große Hürde für die meisten deutschen Leser wird das
Französische sein. Außerdem wäre es egoistisch von mir, diesen Ort für mich zu behalten, anstatt das Geheimnis mit

anderen zu teilen – auch auf die Gefahr hin, dass es danach kein Geheimnis mehr ist.

Ich selbst entdeckte die Insel am Anfang des Jahrtausends. Damals hatte ich gerade meinen Job gekündigt und nahm mir eine längere Auszeit auf einem Segelboot. Eine unsichtbare Anziehungskraft zog mich zu den Îles de Lérins, den beiden Inseln vor Cannes. Es war Spätsommer, die Saison gerade vorbei und das Mittelmeer wieder frei von Seglern und Massentouristen.

Ich steuerte mein Boot nachts in die enge Fahrrinne zwischen den Inseln und ankerte. Als ich morgens bei Sonnenaufgang an Land schwamm, sah ich das alte Fort mit dem Kloster durch die Pinien schimmern. Da ich in meiner Badehose eher unpassend bekleidet war, schlich ich mich über einen kleinen Pfad an die heiligen uralten Mauern heran. Als ich hinter einem Vorsprung einen ersten Blick auf den Innenhof des Klosters erhaschen konnte, sprach mich ein junger Mönch von der Seite an. Ob er mir helfen könne. Ich erschrak fürchterlich und entschuldigte mich für meinen Auftritt.

Er lachte und fragte, ob ich ihn begleiten wollte. Ich nickte. Der Mönch ging voraus. Er war höchstens Mitte zwanzig, trug einen weißen Kittel und Sandalen. Mit seinem Vollbart hatte er ziemliche Ähnlichkeit mit diesem Typen, der vor vielen Jahren ein bisschen südlich von hier übers Wasser lief.

Wir gingen ein Feld entlang und an ein paar Fasanen vorbei, die in der Erde pickten. In der Ferne leuchteten dicht behangene Weinstöcke. Der Pfad führte um eine kleine

Backsteinmauer herum ans Meer. Der Mönch setzte sich auf die Felsen und bat mich, neben ihm Platz zu nehmen. Er fragte mich, wo ich Französisch gelernt hatte. Ich antwortete, dass ich schon eine Zeitlang in Frankreich lebte, eine französische Freundin gehabt hätte und außerdem mit drei Franzosen bis nach Tahiti gesegelt wäre.

Er nickte anerkennend und fragte, ob ich ein Abenteurer wäre. Ich sagte stolz »ja«, und dass jeder Mensch ein Abenteurer sei. Den meisten würde diese Eigenschaft jedoch von der Gesellschaft ausgetrieben.

Er fragte, ob ich wüsste, was das größte Abenteuer sei.

»Mönch sein?«, fragte ich. Er lachte.

»Nein«, sagte er. »Mensch sein.«

Wir schauten aufs Meer.

»Sitzen Sie jeden Tag hier und schauen aufs Meer hinaus?«, fragte ich.

Er nickte. »Ja. Jeden Tag. Und dann denke ich mir Geschichten aus.«

»Was sind das für Geschichten?«, fragte ich.

»Es sind Geschichten, die keinen Sinn machen und trotzdem …« Er hielt inne. »Darf ich Ihnen eine erzählen? Sie ist mir gestern früh in den Sinn gekommen.«

»Certainement«, sagte ich in gestelztem Französisch und hörte dabei meinen eigenen Akzent.

»Ein Heiliger kommt in ein Dorf und bittet um eine Herberge. Doch die Menschen sind abweisend und unhöflich. Als er den Dorfbewohnern sagt, dass er ein Heiliger sei, lachen sie ihn aus. Doch schließlich gibt ihm jemand einen

Schlafplatz auf dem Heuboden über einem Schweinestall. Der Heilige verbringt dort eine ruhige, wenn auch stinkende Nacht.

Am nächsten Morgen wecken ihn die Dorfbewohner. Sie wollen einen Beweis für seine Heiligkeit haben.

›Warum?‹, fragt der Heilige. ›Was würde das für euch ändern? Ihr würdet dem nächsten Fremden doch trotzdem wieder nur einen Schweinestall anbieten und ihn wie Dreck behandeln.‹

Das ärgert die Dorfbewohner sehr und sie drohen, den Heiligen zu ermorden, wenn er keine Beweise für seine Heiligkeit erbringt.

Der Heilige hebt die Brauen. ›Wenn diese Mauer hier vorn zu sprechen anfinge, würdet ihr mir dann glauben?‹

Die Dorfbewohner sagen begeistert, dass sie das locker als Beweis durchgehen lassen würden. Also zeigt der Heilige mit seinem Wanderstock auf die Mauer, fuchtelt ein bisschen in der Luft herum und murmelt ein paar Worte. Die Mauer fängt an, sich leicht zu bewegen. Putz bröckelt ab, Steine platzen. Die Erde wackelt sogar leicht. Dann sagt die Mauer: ›Glaubt diesem Mann kein Wort!‹«

Ich lachte. Das war eine super Geschichte, fand ich.

»Hat der Heilige auch gelacht?«, fragte ich den Mönch.

»Das ist nicht überliefert.«

Wir schwiegen eine Zeit. Dann musste der Mönch zurück ins Kloster.

»Kommen Sie morgen wieder?«, fragte der Mönch. Eine Geschichte hätte er noch für mich. Ich nickte. Am nächsten

Tag kam ich zurück und wartete auf den Mönch. Leider kam er nicht. Ich war natürlich enttäuscht, wusste aber, dass die Mönche auf der Insel viel Arbeit zu erledigen hatten. Vermutlich hatte er keine Zeit gefunden. Ich segelte in einen kleinen Hafen weiter westlich und vergaß die Insel und den jungen Mönch irgendwann.

Zehn Jahre später erzählte mir ein Freund von einem Kloster auf Île Saint-Honorat. Er habe dort gerade eine Woche im Schweigen verbracht. Dabei habe er zufällig einen Mönch kennengelernt, der ihm eine schöne Geschichte erzählt habe. Ich war natürlich sofort hellwach. »Erzähl!«, sagte ich.

»Ein alter Mann geht wie jeden Morgen in seinen Garten und gießt seine Blumen. Dort begegnet ihm der Todesengel. Um dem Tod zu entfliehen, bricht der Mann Hals über Kopf in eine weit entfernte Stadt auf.

Der Todesengel dagegen hat an dem Morgen nur eine kleine Runde über das Dorf drehen wollen und sich gewundert, den Mann zu treffen. Denn eigentlich soll er ihn am Abend in einer weit entfernten Stadt abholen.«

Ich buchte sofort eine Woche Schweigeseminar in dem Kloster. Solche Zufälle kann es nicht geben, dachte ich. Wenn ich den Mönch wiedertreffe, sammle ich all seine Geschichten und bringe endlich ein erfolgreiches Buch heraus.

Auf der Insel setzte ich mich jeden Morgen auf die Mauer und wartete auf den Mönch. Er kam nie. Ich sah ihn auch nicht im Kloster. Die Mönche versammelten sich jeden Tag siebenmal zum Gesang in der Kapelle. Sieben gregorianische

Gesänge hindurch suchte ich an sieben Tagen, doch ich konnte ihn unter den Kutten nie entdecken. Bis heute verbringe ich jedes Jahr eine Woche in diesem Kloster und suche nach *meinem* Mönch. Ich möchte wenigstens eine dritte Geschichte von ihm hören. Doch niemand weiß etwas über den jungen Mönch mit Vollbart, der so schöne Geschichten erzählen kann. Manchmal kommt er mir wie eine falsche Erinnerung vor.

Das Wunderbare an dem Kloster ist, dass es allen Arten von Menschen eine Zuflucht aus ihrem Leben bietet. Viele gestresste Manager, Popstars, Ärzte, Juristen und Politiker versuchen an solchen Orten, sich zu zentrieren, die Last des Alltags abzutreten und ein bisschen Trost und Frieden zu finden. Gerade für diese Klientel sind Klöster ideal, weil ihre Mauern dick und schweigsam, die Gemeinschaften über Jahrhunderte erprobt sind und dort offenbar etwas passiert, das die Menschen grundlegend verändern kann.

Sollten Sie sich entschließen, im Kloster von Île Saint-Honorat eine Auszeit zu nehmen, müssen Sie sich auf einen völlig anderen Lebensrhythmus vorbereiten. Es leben dort nur Mönche. Die meisten schweigen den ganzen Tag lang, obwohl außerhalb der Mauern keine Schweigepflicht herrscht. Es gibt dort nur in der Empfangshalle Internet. Die letzte Fähre geht um 17 Uhr zurück ans Festland. Danach herrscht Ruhe auf dem winzigen Eiland.

Sie bekommen eine Kemenate für sich und dreimal am Tag eine gute, solide, nicht-vegetarische Mahlzeit. Innerhalb der Klostermauern müssen Sie sich an das Schweigegelübde halten. Ansonsten gestalten Sie Ihren Tag, wie Sie möchten.

Natürlich können Sie allen sieben Gesängen der Mönche in ihrer alten Kapelle zuhören. Sie können die Bibliothek durchstöbern, im Herbst bei der Traubenernte helfen, stundenlang am Meer sitzen und über die Herrlichkeit der Welt meditieren. Sie können sich auch – wenn Sie Französisch oder Englisch sprechen – mit ein paar wenigen Mönchen außerhalb der Mauern unterhalten. Die Männer sind unglaublich aufgeschlossen, zuvorkommend und ruhig. Ihre Bescheidenheit und Menschlichkeit ist herzzerreißend. Ich habe im Laufe meiner spirituellen Reisen und Erfahrungen noch nie einen depressiven Mönch getroffen.

Woher kommt die Methode?

Enklaven des Rückzugs gibt es in fast allen Religionen seit vielen Tausend Jahren. In jeder Gesellschaftsform und zu jeder Zeit haben Menschen das Bedürfnis, sich zurückzuziehen und im Namen ihrer Gottheit zu leben – welche auch immer es sein mag.

Für wen sind Klöster geeignet?

Seltsamerweise zieht es vor allem Männer in die Abgeschiedenheit der Klostermauern. Doch auch Frauen sind bei der Abbaye de Lérins willkommen.

Natürlich müssen Sie die Freiheit haben, sich eine Woche komplette Auszeit nehmen zu können. Das kann schwierig sein, vor allem wenn Sie einen anspruchsvollen, intensiven Job und/oder Familie haben. Aber gerade dann ist es besonders fruchtbar. Internet ist im Notfall zwar vorhanden, aber sehr eingeschränkt. Und für den Aufenthalt im Kloster gilt: Je mehr Sie sich dem Rest der Welt zur Abwechslung mal entziehen, desto verbundener werden Sie zu sich selbst.

Was bringt das Ganze?

Tage in Klöstern zentrieren und erden. Kein Internet, kein Geschwätz, keine Medien, keine Alltagssorgen, keine Streitigkeiten und keine Ablenkung. Es ist eine vollkommen andere Art von Erholung. Außerdem kann man im Kloster großartige Vorbilder an Menschen finden, die beweisen, dass ein bescheidenes, einfaches und glückliches Leben möglich ist.

Was ist so genial daran?

Klöster sind unglaublich alte, beständige Traditionen. Allein das Kloster auf Île Saint-Honorat existiert seit dem Jahr 400. Man kann die Verbindung zu längst vergangenen Zeiten überall spüren.

Das Geniale am Kloster ist für mich persönlich, dass sich dort eine Transformation in meinem Innern abspielt, ohne dass ich etwas dazu beisteuern müsste. Ich muss nicht meditieren oder beten, singen oder fasten. Ich kann einfach sein, wie ich bin, und fühle trotzdem eine tiefe Veränderung. Aus diesem Grund ist der Klosteraufenthalt vor allem Menschen zu empfehlen, denen ein Vipassana-Seminar zu strikt ist und die sich mehr persönliche Freiheit wünschen.

Gibt es etwas Ähnliches?

In Deutschland gibt es mehrere Klöster, die Gäste aufnehmen. Maria Laach hat beispielsweise eine wunderbare Atmosphäre: www.maria-laach.de

Auch die Abtei Münsterschwarzach bietet Ruhe-Suchenden eine hervorragende Rückzugsmöglichkeit. Hier lebt auch der berühmte Benediktinerpater und Autor Anselm Grün. www.abtei-muensterschwarzach.de

Möglicherweise haben Sie schon einmal von dem Benediktinermönch Willigis Jäger gehört. Er verbindet das Christentum mit östlicher Spiritualität und hat mehrere lesenswerte Bücher darüber geschrieben. Im ehemaligen Kloster Benediktushof können Sie sich in Meditation und Achtsamkeit üben: www.benediktushof-holzkirchen.de

Literatur, Internet, Apps und Tipps

Leider gibt es die Homepage des Klosters Abbaye de Lérins auf der kleinen Insel vor Cannes nur auf Französisch: www.abbayedelerins.com

Sie können aber dennoch eine E-Mail auf Englisch an hotellerie@abbayedelerins.com schicken. Sie wird meist innerhalb eines Tages beantwortet.

Spirituelle Gemeinschaften

»Es ist immer ein gutes Gefühl, einer Gruppe anzugehören. Ganz egal, welcher.«
A. J. Jacobs in *Saufit*

Wenn niemand aus unserem Umfeld mit uns Gitarre spielen will, suchen wir anderswo Menschen, die unser Hobby teilen. Wenn wir sie finden (und diese Menschen auch noch unseren Musikgeschmack teilen), haben wir das Gefühl, das Paradies erreicht zu haben. Es ist aber mitunter schwer zu unterscheiden, ob die gefundene Gruppe einfach nur gemeinsam musizieren will oder ob die Anführer der Gruppe die übrigen Mitglieder manipulieren, kontrollieren und ihr ganzes Hab und Gut an sich reißen wollen (inklusive der Gitarren).

Viele Gemeinschaften driften in Fanatismus ab. Sie geben vor, die *einzige* Wahrheit erkannt zu haben. Bei den Zeugen Jehovas beispielsweise fragen sich die Mitglieder gegenseitig nicht: »Seit wann bist du bei den Zeugen Jehovas?«, sondern: »Seit wann kennst du die Wahrheit?«

Selbst Organisationen, deren Grundgedanke gut war, können sektengleichen Mustern verfallen. Es gibt viele Beispiele von Gemeinschaften, deren ursprünglich guter Wille in Unterdrückung, Folter oder Massenselbstmord umschlug. Hier sind ein paar der gefährlichsten Gemeinschaften:

Scientology: Seit den Fünfzigerjahren versucht diese amerikanische »religiöse Bewegung« durch höchst manipulative Methoden, Macht und Mitglieder zu generieren. Scientology wird in Deutschland durch den Verfassungsschutz beobachtet.

Der Ku-Klux-Klan: Bereits seit 150 Jahren bringen Mitglieder dieses rassistischen Geheimbunds Nicht-Weiße und Nicht-Protestanten in Ritualmorden um. Der KKK verzeichnet seit Obamas Wahl zum Präsidenten der USA großen Zulauf.

Die Aum-Sekte, heute Aleph: Diese japanische Sekte gilt als radikalste und gefährlichste der Welt. Mit einem Nervengas-Anschlag in der Tokyoter U-Bahn wollten sie 1995 den dritten Weltkrieg auslösen. Ihr Anführer Shoko Asahara ist zum Tode verurteilt und wartet auf die Vollstreckung.

Boko Haram: Der Name der Sekte heißt grob übersetzt: »Bücher sind Sünde«. Seit der Jahrtausendwende schlachtet diese islamistisch-terroristische Vereinigung Christen und Moslems in Nigeria ab. Sie haben sich 2015 der Terror-Miliz Islamischer Staat angeschlossen.

Die Zwölf Stämme: Ich habe vor ein paar Jahren zwei Mitglieder dieser Sekte beim Trampen mitgenommen. Die beiden Männer waren Mitte zwanzig, vollbärtig, schmuddelig, wirkten aber offen und nett. Gleichzeitig machten sie einen leicht verwirrten Eindruck und erzählten ununterbrochen von ihrem Gott Jahve. Ich sollte sie unbedingt in ihrer Gemeinschaft besuchen. Ich schenkte ihnen zum Abschied eines meiner Fastenbücher und habe nie wieder etwas von ihnen gehört.

So oberflächlich nett diese Mitglieder wirkten, so radikal muss es hinter den Kulissen bei den Zwölf Stämmen zugehen. In Bayern ermitteln Behörden wegen körperlicher und seelischer Misshandlung von Kindern.

Natürlich gibt es noch Hunderte weiterer Sekten. Der Wahnsinn des Menschen ist unbegrenzt.

Sektenartige Aspekte und Strukturen einer Gemeinschaft sind an den folgenden Merkmalen zu erkennen:

- Sprache und Verhalten müssen einem bestimmten Code entsprechen.
- Um Teil der Gemeinschaft zu bleiben, müssen die Mitglieder Unsummen an Geld zahlen und/oder all ihre Besitztümer spenden.
- Die Mitglieder werden zu permanenter Arbeit oder Dienstleistungen an die Gemeinschaft angetrieben und haben kaum Zeit zum Nachdenken und Reflektieren.
- Es wird uneingeschränkte Hingabe zum Gründer oder Leiter gefordert, der unter Umständen als eine Art Messias angesehen wird.
- Zweifel am Glaubenssystem der Gemeinschaft werden unterdrückt oder gar bestraft.

- Die Mitglieder müssen Erlaubnis einholen, wenn sie ihre Lebensumstände wie Job oder Partner wechseln wollen.
- Es herrscht eine »Wir-gegen-die-anderen«-Mentalität.

Demgegenüber steht ein Hundertfaches an integren spirituellen Gemeinschaften, die einfach nur den Wunsch nach einer besseren Welt hegen. Alles, was sie wollen, ist, dem Göttlichen oder der wahren Existenz des Menschen ein Stück näherzukommen – wie auch immer sie es bezeichnen. Außerdem bieten sie einen Weg aus dem weltlichen Leben hinein in ein alternatives, spirituelles Dasein.

Das Ökodorf Sieben Linden beispielsweise ist eine Modellsiedlung in Sachsen-Anhalt, in der die Mitglieder eine praktikable Alternative für die Zukunft suchen. Die Gemeinschaft ist Teil des weltweiten Netzwerks Global Ecovillage Network.

Findhorn, eine Gemeinschaft in Nordschottland, ist vor allem durch ihren Seminarbetrieb bekannt. Menschen aus aller Welt versuchen hier, eine nachhaltige, gesunde Lebensweise für die Zukunft aufzubauen.

Ein anderes gutes Bespiel ist die Schweibenalp, ein spirituelles Zentrum mitten in den Schweizer Alpen, in dem die perfekte Lebenskultur für den Menschen gesucht wird. Ein wichtiger Bestandteil dieser Gemeinschaft ist die Permakultur; ein Denkprinzip für nachhaltige Landwirtschaft, Energieversorgung und soziale Infrastruktur.

Eine weitere blühende Gemeinschaft ist Balanced View. Auch wenn einige Mitglieder und Trainer viel Wert auf das

Huldigen der Gründerin legen, ist die Lehre dieser Gemeinschaft ziemlich perfekt.

Deshalb habe ich dort die vergangenen drei Winter verbracht. Das System dieser Gemeinschaft basiert einzig auf Spenden und dem kostenfreien Dienst der Mitglieder an der Gemeinschaft. Die größten Zentren von Balanced View liegen in Kalifornien, England, Schweden und Australien. In Deutschland gibt es ein kleines Zentrum in Berlin, in dem ein- bis zweimal pro Jahr Einführungsseminare stattfinden.

Das indische Balanced View Centre liegt am Rande eines kleinen Dorfs im Norden Goas. Im Seminar-Zentrum selbst leben nur wenige westliche Trainer. Die Gemeinschaft wohnt in Häusern und Hütten im Dorf. Auf dem Gelände finden abends Konzerte statt, in den Gärten treffen sich die Mitglieder zum Kochen und gemeinsamen Essen. Auf den Dachterrassen der beiden recht herrschaftlichen Gebäude finden tagsüber die Teachings statt.

Bei meinem ersten Workshop von Balanced View im indischen Arambol war auch ich etwas voreingenommen. Ich saß mit rund zwanzig Seminarteilnehmern vor einer kleinen Holzbühne. Darauf saß ein Typ mit Brille. Er hatte graue Schläfen und außerirdische Zeichen auf den Unterarmen tätowiert.

»Ich heiße Adrian«, sagte er und wirkte dabei alles andere als spirituell. Er sah eher aus wie ein Fußballfan, hatte allerdings keine Fußballerfigur. Er war mit Sicherheit kein Frauenschwarm und wirkte unkonventionell. Neben ihm auf dem Tisch standen ein Glas Wasser und Blumen. Die Luft triefte vor Hitze. Mein Rücken klebte an meinem Plastikstuhl fest.

Adrian erklärte uns, dass die Welt aus zwei Elementen bestünde: offene Intelligenz und Daten. Offene Intelligenz sei das, in dem die Daten erschienen. Ich verstand kein Wort.

»Wir nehmen ein Beispiel aus der Natur«, erklärte Adrian. »Stellt euch den Himmel als offene Intelligenz vor. In ihm erscheint ein Regenbogen. Der Regenbogen symbolisiert hier die Daten. Versteht ihr?« Ich saß mit hoch gezogenen Brauen da. Ich konnte mir nicht vorstellen, dass dies die Lehre einer erfolgreichen, spirituellen Gemeinschaft sein sollte.

»Offene Intelligenz ist das, was immer da ist. Immer angeschaltet. Nichts ist nicht offene Intelligenz«, erklärte Adrian damals.

Im Anschluss an seinen Vortrag sollten wir einen »Value Letter« schreiben. Also einen Brief der Dankbarkeit. Ich versuchte zu erklären, was ich begriffen hatte:

Balanced View bezeichnet das, was die Kirche Gott nennt, als »offene Intelligenz«. Und alles, was in dieser offenen Intelligenz auftaucht, nennt Balanced View »Daten«. Diese »Daten« stehen für meine Gedanken und Gefühle, die ich als Mensch habe. Mein Leben ist also ein einziger Datenstrom.

Der Slogan von Balanced View lautet »For the benefit of all« (zu Deutsch: für das Wohl aller). Balanced View geht davon aus, dass jeder Mensch im Grunde seines Herzens gut ist und anderen helfen will. Nur funktioniert dies offenbar in unserer Gesellschaft nicht. Daher versucht Balanced View, seinen Teilnehmern klarzumachen, dass sie bereits sind, was sie immer sein wollten, und alles besitzen, was sich ein Mensch nur wünschen kann. Die Teilnehmer sollen sich auf das konzentrieren, was sie haben, und nicht auf das, was ihnen fehlt. Aus diesem Gefühl des Überflusses kann der Mensch zum Besten für sein Umfeld handeln.

Bei Balanced View bekommt jeder Teilnehmer nach Beenden eines zwölftägigen Trainings (*The Twelve Empowerments*) einen persönlichen Trainer, wobei Männer Trainer bekommen und Frauen Trainerinnen. Mit diesem Trainer tauscht man sich aus, schreibt ihm, so häufig man möchte, und hält ihn über sein Leben auf dem Laufenden. Der Trainer ist eine Person, der man sich vollkommen anvertrauen kann. Dafür zahlen ihm die Teilnehmer eine Summe, die sie selbst frei bestimmen.

Die Gemeinschaft ist bei Balanced View eine der wichtigsten Säulen. Hier zeigt sich, ob die Lehre funktioniert und vernünftig angewandt wird. Wenn sich die Teilnehmer untereinander als offene Intelligenz erkennen, in der Datenströme erscheinen, gibt es keine Probleme untereinander. Jeder ist sozusagen Ausdruck des Göttlichen und taucht genau so in dem Moment und dem Raum auf, wie er ist.

Den Trainern und älteren Teilnehmern gelingt diese Praxis meist.

Die Gemeinschaft ist das Übungsfeld für das Erkennen von Daten, für die zentrale Botschaft, zum Benefit aller zu sein, und für den Beweis, dass es möglich ist, eine friedliche, nutzbringende Gemeinschaft aufzubauen, die wirklich funktioniert.

Woher kommt die Methode?

Balanced View wurde von der Amerikanerin Candice O'Denver gegründet. Sie hat ihr Leben der Entwicklung eines funktionierenden menschlichen Zusammenseins gewidmet. Jahrzehntelang untersuchte sie weltweit verschiedene Systeme, um die menschliche Psyche zu verstehen. Ihr Ziel: eine Formel, die der Menschheit ein Leben voller gegenseitigem Respekt, Würde und Zufriedenheit bringt.

Bis vor wenigen Jahren hieß Candice O'Denvers Organisation noch Great Freedom. Mittlerweile folgen weltweit viele Tausend Menschen der Lehre; es gibt Zentren auf vier Kontinenten.

Für wen ist Balanced View geeignet?

Wer sich nach einer klaren Struktur und einem Leben in einer Gemeinschaft mit Gleichgesinnten sehnt, sollte eines der Balanced-View-Zentren in Indien, Schweden, Bristol oder Kalifornien besuchen. Es ist auch möglich, hier einfach nur ein paar Tage zu verbringen und zu schauen, ob das Leben dort für Sie funktioniert.

Was bringt das Ganze?

Jede Arbeit lässt sich an Resultaten messen. Bei spiritueller oder persönlicher Arbeit ist dies nur am Verhalten derjenigen zu messen, die diese Methode seit längerer Zeit anwenden. Bei Balanced View sind dies die Trainer. Diejenigen, die mir begegnet sind, waren ausnahmslos mitfühlende, hochintelligente und vollkommen friedliche Menschen. Sie scheinen tatsächlich zum Wohle aller zu leben und verbreiten Harmonie, Würde und Respekt.

Allein um irgendwann einmal so zu werden wie die Trainer, belege ich Kurse bei ihnen und lebe in der Gemeinschaft, wo ihre Lehre direkt und praktisch angewendet wird.

Was ist so genial daran?
Balanced View ist hervorragend strukturiert und organisiert.

Genial ist, dass Balanced View alle Teachings online kostenfrei zur Verfügung stellt. Die Organisation möchte tatsächlich der Welt etwas Gutes tun und keinen Profit machen.

Balanced View basiert auf vier Säulen:

1. Kurze Momente des Nicht-Denkens – die *short moment meditations* (siehe Kapitel eins)
2. Die Lehre – Seminare weltweit, die auf Spendenbasis beruhen
3. Die Trainer – Menschen, die immer für uns da sind, die an uns glauben und das Beste aus uns herausholen
4. Die Gemeinschaft – sie hat weltweit mehrere Tausend Mitglieder, die sich gegenseitig unterstützen

Gibt es etwas Ähnliches?
Es gibt Tausende von spirituellen Gemeinschaften auf der ganzen Welt. Einige habe ich weiter oben kurz beschrieben. Ich habe allerdings noch keine Gemeinschaft erlebt, die so natürlich funktioniert wie Balanced View.

Wo? Wer? Wann? Was?

Die größte Balanced-View-Community liegt in der englischen Stadt Bristol. Die Mitglieder leben zusammen in privaten Häusern oder als WGs in Wohnungen über die Stadt verteilt. Teilweise arbeiten sie in eigenen Firmen miteinander. Die Gemeinschaft versucht, sich gegenseitig so weit wie möglich zu unterstützen – auch beruflich.

Das europäische Hauptzentrum liegt in Südschweden. Hier finden von Frühling bis Herbst Kurse statt, nur im Winter ist Pause. Hier wohnen allerdings nur die Trainer; die Gemeinschaftsmitglieder kommen zu Besuch.

In Deutschland gibt es eine kleine Community in Berlin. Hier findet zweimal im Jahr ein Kurs auf Deutsch statt. Außerdem gibt es noch Kurse in Kalifornien und Australien.

Literatur, Internet, Apps und Tipps

Auf www.balancedview.org finden Sie Tausende von Videos, Büchern und Vorträgen von Trainern, Teilnehmern und der Gründerin von Balanced View – natürlich kostenfrei.

Gurus

»Es liegt viel Wahrheit in der Aussage, dass wirkliches Wissen ohne einen Guru unmöglich ist.«
Mahatma Gandhi

Allgemein ist uns Westlern nicht wohl bei dem Wort »Guru«. Wir haben einfach zu viele negative Geschichten über dieses Phänomen gehört. Auch ich habe mit meinem Buch *Roadtrip mit Guru* nicht unbedingt zu einem positiveren Bild beigetragen. Und doch empfehle ich Ihnen, unbedingt einen Guru zu besuchen.

Das Wort »Guru« bedeutet »von der Finsternis ins Licht«. Gurus sind Menschen, die uns von unseren kleinen finsteren Gedanken in die hell erleuchtete Welt jenseits unseres persönlichen Leids führen können.

Wer spirituell auf der Suche ist, hat eine nicht zu bändigende Sehnsucht nach jemandem, mit dem er seine Sehnsucht nach dem Göttlichen teilen kann – dieser jemand sollte nicht unbedingt bibelzitierend hinter Holzstäben in einem Beichtstuhl sitzen. Er sucht nach jemandem, der ihn menschlich und direkt führt und ihm am besten einen Leitfaden in die Hand gibt, nach dem er sein Leben gestalten kann. Natürlich kann und soll es niemanden geben, der diese Sehnsucht komplett erfüllen kann. Jedes Leben ist individuell und komplex und muss von jedem Menschen individuell und komplex gelebt werden. Sich komplett und unkritisch einer bestimmten

Bewegung oder Person zu verschreiben, ist dagegen potenziell sehr gefährlich.

Aber trotzdem gibt es unglaublich gute und intelligente Menschen, die sich mit vielen Fragen des Lebens auseinandergesetzt haben. Sie sind es, die ein Licht in die Finsternis des Suchenden werfen können.

Deshalb verkaufen sich die Bücher des Dalai Lama in Millionenauflage. Deshalb gehen Menschen in Klöster. Deshalb meditieren wir. Deshalb suchen wir uns einen geistigen Führer oder einen Guru. Deshalb halten Sie dieses Buch in Händen.

Als junger Reporter sollte ich Mitte der Neunziger einen Artikel über den dänischen buddhistischen Lehrer Lama Ole Nydahl schreiben. Er hielt einen Vortrag im buddhistischen Zentrum in Saarbrücken. Es war Freitagabend, ich kam abgehetzt aus einer hektischen Woche, war schlecht vorbereitet und unmotiviert. Doch als ich den Saal betrat, passierte etwas, das ich bis dahin noch nie erfahren hatte. Ich wurde mit einem Schlag innerlich still. Ich sah Lama Ole auf seinem Stuhl sitzen, seine Augen trafen meine und ich war still.

Ich suchte mir einen Platz im Saal und meditierte zum ersten Mal in meinem Leben – ohne dass mir jemand erklärt hätte, wie es geht. Ich schloss noch nicht einmal die Augen. Ich saß still da und schaute den Lama an. Sein inneres Schweigen war so gewaltig, dass er einen ganzen Saal mit hineinziehen konnte.

Da die Macht solcher Menschen spürbar ist, suchen wir sie auf. Deshalb gehen wir zu Gurus. Damit ihre Stille und ihre Göttlichkeit auf uns abfärbe.

Aus diesem Grund habe ich neun Monate als Chauffeur eines indischen Gurus zugebracht, dessen wahren Namen ich aus juristischen Gründen nicht nenne. Diese ganze Geschichte ist so lang und verrückt, dass sie ein ganzes Buch füllen würde – um genau zu sein 356 Seiten. *Roadtrip mit Guru* ist 2014 bei Eden Books erschienen.

Als Chauffeur dieses Gurus tourte ich durch Indien, ganz Europa, durch die USA und Kanada. Während all dieser Monate umarmte ich mehr als tausend Menschen, denn sie hielten mich für einen Jünger, ich küsste Füße, lernte »Inner Yoga«, indem ich mit beleibten Amerikanern einen Hügel hinunterkugelte und wie ein Krokodil fauchte, ich sang, weinte, lachte, fraß Kilometer um Kilometer Asphalt, bis mich der Guru rausschmiss. Aber das ist eine andere Geschichte.

Seitdem hat sich mein Leben vollkommen verändert – und zwar positiv. Ich habe bei dem Guru gelernt, dass ich keinen Guru brauche. Dass ich mein eigener Guru bin. Und genau das konnte ich nur bei einem Guru lernen.

Ich habe im Laufe meiner spirituellen Suche und Abenteuer ein ganzes Dutzend Gurus und sogenannter Heiliger besucht. Am meisten beeindruckt haben mich der vietnamesische Mönch Thich Nhat Hanh, der indische »Erleuchtete« Ramesh Balsekar und die umarmende Mutter, Amma. Alle drei sind weltberühmt. Jede Minute im Dunstkreis dieser Personen hat sich gelohnt:

Thich Nhat Hanh ist ein vietnamesischer buddhistischer Mönch und mittlerweile fast neunzig Jahre alt.

Anfang der Achtzigerjahre gründete er Plum Village, eine riesige, gute funktionierende Gemeinschaft in der Nähe von Bordeaux. Hier finden das ganze Jahr über Retreats statt. Das Dorf ist ein blühendes Beispiel für die fruchtbare Arbeit eines Gurus und seiner gesunden Gemeinschaft.

Thich hat mehrere Bücher über Achtsamkeit geschrieben und damit Millionen eingenommen. Einen Großteil des Geldes steckt er in karitative Projekte in seiner Heimat Vietnam. Er unterstützt die Boatpeople und die medizinische Versorgung im Land.

Auch wenn Plum Village bald wahrscheinlich ohne Thich auskommen muss, lohnt sich ein Besuch des Dorfs. Ich hatte bei den Bewohnern immer das Gefühl, dass sie sich bei jedem Schritt ihrer selbst bewusst sind. So viel Achtsamkeit wie dort hatte ich nie erlebt.

Ramesh Balsekar lernte ich 2008 im Mumbai kennen, ein Jahr vor seinem Tod. Er war damals schon über neunzig Jahre alt, hatte keine Zähne mehr im Mund und konnte nur noch am Stock gehen. Er war allerdings vollkommen klar im Kopf und trug ein Lächeln auf den Lippen, wie ich es nie zuvor gesehen hatte.

Einmal in der Woche trafen sich Menschen in seinem Appartement und stellten ihm Fragen. Aus unerklärlichen Gründen holte er mich damals nach vorn, zog einen Stuhl heran und fragte mich, was ich von ihm wollte.

»Erleuchtung«, sagte ich unverblümt. Der ganze Raum lachte.

Balsekar fragte: »Warum?«

»Damit das Leiden aufhört.«

»Und was, wenn Leiden Erleuchtung ist?«, fragte er.

Ramesh Balsekar hat das grandiose Buch *Who cares? – Wen kümmert's?* geschrieben und damit einen Weltbestseller gelandet. Das Geld hat er in die Armenviertel Mumbais gesteckt. Ein Taxifahrer erzählte mir, dass seine Familie dank Guru Ramesh endlich fließend Wasser habe.

Der einzige weibliche Guru, den ich je besucht habe, ist Amma. Sie hat eine riesige, weltweite Gemeinschaft um sich herum geschaffen. Ihre Anhänger reisen mit ihr von Vortrag zu Vortrag, baden in ihrer Präsenz und huldigen ihr. Sie baut in Indien Schulen, unterstützt Waise und Kranke, legt sich mit den Behörden an und versucht, Korruption zu bekämpfen. Sie hat mehrere Zehntausend Häuser für Obdachlose in Indien bauen lassen. Ganz nebenbei umarmt sie jedes Jahr Hunderttausende Menschen auf ihren Touren durch die Welt. Angeblich hat sie mittlerweile vierzig Millionen Menschen umarmt. In der englischen Welt ist sie als »the hugging saint« bekannt, die umarmende Heilige.

Bei ihren Umarmungs-Riten sammelt sie Geld, das sie in ihre gemeinnützige Organisation in Indien steckt. Ich ließ mich vor ein paar Jahren in Frankreich von ihr umarmen. Dabei hatte ich nicht das Gefühl, dass sie sonderlich präsent war. Sie schenkte mir danach ein Bonbon und umarmte noch in der gleichen Bewegung den nächsten.

Es wäre zu einfach zu sagen, dass die Anhänger von Gurus verrückt sind und wir mit ihnen nichts zu tun haben wollen. Viele »Guru-Jünger« leben ein Leben voller Freude und Harmonie jenseits des westlichen Konsum-Wahnsinns. Auch wenn das Konzept »Guru« nicht in unser Denken passt und wir mit dem Begriff meist nichts Gutes verbinden – es gibt Gurus, die Gutes tun.

Woher kommt das Phänomen Guru?

Der Begriff »Guru« ist ein Importschlager aus der Welt des Hinduismus. Im Hinduismus ist der Guru unentbehrlich auf dem Weg zu Weisheit und Erlösung. Jeder Hindu hat einen Guru, so wie jeder Christ eine Gemeinde oder einen Pfarrer hat.

Da es im Westen an spiritueller Vielfalt mangelt, suchen wir in fremden Kulturen nach Halt. Mich zog an Gurus immer vor allem das Exotische an. Eine Instanz, die unserer Welt so fremd ist, hilft mir dabei, meine eigene Gesellschaft aus einem anderen Blickwinkel zu betrachten.

Für wen sind Gurus geeignet?

Wenn Sie auf der Suche nach einem vertrauenswürdigen spirituellen Lehrer sind, besuchen Sie beispielsweise einen Ashram von Mata Amritanandamayi, so heißt »Amma, the hugging mother« vollständig. Amma hält ihre Umarmungs-Rituale auch mehrmals im Jahr in Deutschland ab.

Weiter unten finden Sie weitere Gurus, deren Gemeinschaften seriös arbeiten.

Was bringt das Ganze?

Jeder Mensch ist auf die eine oder andere Weise auf seiner persönlichen Suche nach dem Sinn seines Lebens. Jeder hat das Recht, weiterzusuchen, bis er seiner individuellen Antwort am nächsten ist. Gurus können uns dabei helfen. Sie führen uns an unsere Grenzen und zeigen uns das Licht im Dunkeln, wenn wir nicht mehr weiterwissen.

Gibt es etwas Ähnliches?

Wenn Ihnen Amma nicht zusagt, können Sie auch die größte spirituelle Gemeinschaft Indiens besuchen: Auroville. Hier leben mehrere Tausend Westler wohlorganisiert zusammen. Sie haben dort ein eigenes Bildungssystem aufgebaut, sind wirtschaftlich hervorragend vernetzt und bestens in die indische Gesellschaft integriert. (Siehe auch Kapitel »Spirituelle Gemeinschaften«).

Auch die Gemeinschaften von Thich Nhat Hanh oder Paramahansa Yogananda lohnen einen Besuch.

Oder reisen Sie durch Ashram Valley im indischen Tamil Nadhu. Rund um Auroville befinden sich mindestens fünfzig Ashrams:

Der Tree Ashram, in dem Menschen auf Bäumen leben und der Natur so nahe wie möglich kommen möchten.

Der Rebirthing-Ashram, in dem die Mitglieder täglich ihre Geburt wiedererleben und diese versuchen positiv zu transformieren.

Weiter nördlich befindet sich der Ramana-Ashram. Am Fuße des heiligen Bergs Arunachala huldigen Menschen aus der ganzen Welt dem 1950 verstorbenen Guru Ramana Maharshi.

Literatur, Internet, Apps und Tipps

Auf www.amma.de finden Sie Termine und Veranstaltungen der »umarmenden Mutter«. Hier können Sie auch karitative Hilfe leisten und Schulen, Waisenheime und Katastrophenhilfe unterstützen.

http://plumvillage.org/ ist die Homepage des Ashrams von Thich Nhat Hanh. Die Gemeinschaft lebt in Frankreich und gehört zu den größten und blühendsten spirituellen Zentren in Europa.

Informationen über Paramahansa Yogananda, den indischen Yogi und Erfinder von Kriya Yoga, finden Sie hier: www.ananda.org

Der natürliche Weg

»Es ist wichtiger, gut zu reisen, als gut anzukommen.«
Gautama Siddhartha, Buddha

Ich habe einige Menschen getroffen, die sehr spirituell waren, obwohl sie nie ein Seminar besucht oder ein Buch in der Richtung gelesen haben. Das Leben hatte ihnen so viel Erfahrung geschenkt, dass sie daraus Weisheit geschöpft haben.

Es gibt also einen natürlichen Weg des persönlichen Wachstums. Bei den meisten dieser Menschen ging ihrer selbst erlangten spirituellen Reife jedoch ein Unglück voran – ein Unfall, der Tod einer nahestehenden Person oder eine persönliche Krise. Natürlich gelangt nicht jeder, der eine schlimme Situation durchlebt, automatisch zu innerer Weisheit. Aber es scheint etwas an dem Spruch dran zu sein, dass aus jeder Not auch eine wichtige Lehre gezogen werden kann.

Eine Möglichkeit, den natürlichen Weg zur Spiritualität zu beschreiten und Lebenserfahrung zu sammeln, ist das Reisen. Wenn wir die Vielfalt unseres Planeten entdecken und Menschen kennenlernen, die völlig anders leben als wir selbst, lernen wir, über unseren Tellerrand hinauszuschauen. Reisen bringt uns bei, über unsere Vorurteile und unseren Kleingeist zu lachen.

Das prädestinierte Land für den spirituell Suchenden ist natürlich Indien. Sollten Sie sich trauen, dorthin zu fahren, erwartet sie das schmutzigste, verkommenste und erbarmungsloseste Land der Welt. Wenn Sie in Indien durchdrehen, werden die Inder nicht versuchen, Ihnen wieder zu geistiger Gesundheit zu verhelfen. Sie werden Sie lassen, wie Sie sind, weil sie glauben, dass Sie jetzt mit dem Göttlichen in Kontakt getreten sind.

In diesem Abschnitt werde ich Ihnen keine Ratschläge geben, sondern lediglich meine eigenen Abenteuer schildern. Es ist unmöglich, Ihnen einen Wegweiser für Ihren natürlichen Weg zu schreiben, weil er dann nicht mehr natürlich wäre.

Es ist Fügung, ob unser Leben eines Tages zu Klarheit und tiefen Einsichten führt. Doch können wir durch Reisen dieser Fügung ein bisschen auf die Sprünge helfen.

Spirituelle Reisen

»Wohin fahren wir denn? Immer nach Hause.«
Novalis

Ich will weg. Und Sie vermutlich auch. Wir wollen immer da sein, wo wir gerade nicht sind. Die Buddhisten sagen, dass wir den größten Teil unserer Energie darauf verwenden, uns entweder zum Wohlbefinden hin oder vom Schmerz weg zu wünschen. Wünsche zu haben, ist in unserer Gesellschaft lobenswert. Das gesamte System basiert darauf, Wünsche zu kreieren und zu erfüllen. Wir sind so aufs Wunscherfüllen konzentriert, dass wir uns überhaupt nicht fragen, warum wir uns so viel wünschen und wieso wir uns in unserer aktuellen Situation anscheinend nicht wohlfühlen. Blöd ist auch, dass das Erfüllen des Wunsches sofort den nächsten Wunsch generiert. Wir sind nie wunschlos glücklich. Und ständiges Fernweh scheint bei vielen von uns Programm zu sein.

Der spirituelle Reisewahn begann mit den christlichen Missionaren. Die ersten Missionare waren die Apostel. Sie verkündeten Jesus' Evangelium, also die »frohe Botschaft«, in Mesopotamien, dem heutigen Irak. Das Christentum ist bis heute eine Missionsreligion. Die biblische Grundlage dafür ist der Missionsbefehl aus dem Matthäus-Evangelium.

Seitdem fühlen sich Menschen aus Westfalen, Angeln, Sachsen oder dem Erzgebirge berufen, die christliche Botschaft zu verkünden. Und zwar auf der ganzen Welt. Weltfremde, absurd tiefgläubige Menschen, die den »Negern«, »Schlitzaugen« und »Halb-Mensch-halb-Tier-Wesen« – so schrieben sie über die Einheimischen der jeweiligen Länder – den einzig wahren Glauben eintrichtern wollten. Es war Zeit für die Zwangsbeglückung der dunklen, unerleuchteten Seite der Welt. Also zogen sie aus, um Gottesfurcht zu lehren.

Viele dieser Religionsbotschafter starben schon auf der Seefahrt zum Ziel. Andere wurden vor Ort umgebracht oder gefoltert. Wer besonderes Pech hatte, wurde tatsächlich gekocht, gesotten und verspeist. Doch die meisten Missionare wurden von den Einheimischen freundlich aufgenommen bis ignoriert.

Dank ihres Fanatismus waren die Missionare trotz aller Widrigkeiten erfolgreich. Große Teile Afrikas, Amerikas und Asiens sind bis heute christlich; teilweise legen die Menschen dort ihren Glauben strenger aus als in den Mutterländern der einstigen Heilsbringer.

Wer seitdem auf spirituelle Reisen geht, folgt immer noch dieser nicht zu bändigenden Sehnsucht nach einer besseren Welt. Die alten Missionare exportierten, wir – die neuen Enthusiasten – importieren. Wir holen unseren Glauben aus der Fremde und verbreiten ihn in der Heimat. Wir suchen Ashrams in Indien auf, Kibbuzim in Israel, spirituelle Gemeinschaften in Europa. Wir singen auf Sanskrit oder gar Pali, hören indische Volksmusik und zitieren Weisheiten fremder Erleuchteter. Wir versuchen, die Welt und unser Selbst durch Zahlen-Mythologie, Persönlichkeitsfindung wie das

Enneagramm, Tarotkarten, Glaskugeln, Edelsteine und Zauberstäbe zu ergründen. Wir kehren Familie und Job den Rücken und suchen in der Fremde, was uns in der Heimat verloren gegangen ist.

Das spirituelle Reisen ist heute so egobelastet, größenwahnsinnig, destruktiv und im wörtlichen Sinne verrückt wie damals.

Doch genau wie das Missionieren irgendwann Erfolge brachte, breitet sich dank der Suchenden bei uns spirituelles Denken und buddhistisches Handeln aus.

Zunächst begab sich die höhere Mittelschicht auf spirituelle Reisen. In Ashrams meditierten plötzlich Abteilungsleiter großer Autohersteller, im Kibbuz standen Pharma-Referenten am Herd, in Vipassana-Hallen saßen Ärzte, Rechtsanwälte und Journalisten im Schneidersitz. Manager gingen in Klöster, Banker lernten, dass es nur das Hier und Jetzt gibt, und Politiker wanderten durch spanisches Hügelland und wollten damit nicht mal Wähler gewinnen. Und auch der Otto-Normal-Eso muss inzwischen seine spirituellen Bücher bei Familienbesuch nicht mehr in zweiter Reihe verstecken. Wenn wir über Meditation reden, bekommen wir sogar Anerkennung und Interesse von Menschen, die dies früher kategorisch abgelehnt hätten. Und auch das Reisen in ferne Länder wird von den Daheimgebliebenen mit einer Mischung aus Neid und Bewunderung beobachtet.

Wenn Sie wirklich an Spiritualität interessiert sind, sollten Sie nach Indien reisen. Nicht weil Indien spiritueller wäre als andere Länder. Sondern weil Indien so unberechenbar ist und uns deshalb perfekt aus unserem Bedürfnis nach Sicherheit und Komfort herausholt.

Ich war Anfang dreißig, als ich zum ersten Mal die rote Erde dieses verrückten Subkontinents betrat. Schimmel, Schlingpflanzen und Baumwurzeln fraßen sich durch Bürgersteige und Hauswände. Die Menschen hetzten durch die Straßen, als wollten sie den Schlingpflanzen entkommen. Bettler spuckten vor mir auf den Fußweg, Busfahrer brüllten mich an und Kinder zerrten an meiner Kleidung. Ich klammerte mich an die Tragegurte meines Rucksacks und taumelte durch diesen Moloch von Chaos und Dreck namens Mumbai.

Am liebsten wäre ich sofort zurückgeflogen, um dieses Grauen auf der Stelle zu verlassen. Wie konnten Menschen hier leben? Und wieso reisten Touristen in diesen Kochtopf aus Drangsal, Entbehrung und Not? Hätte mir jemand in diesem Moment gesagt, dass ich von nun an jeden Winter in diesem Land verbringen würde, hätte ich ihn ausgelacht.

Die erste Nacht in Mumbai durchwachte ich. Unfreiwillig. Mein Hotel im südlichen Stadtteil Kolaba war an Schäbigkeit nicht zu überbieten. Der Hotelier war unfreundlich, die Toilette ein Schweinestall und das Bett so durchgelegen, dass ich die Matratze auf den Boden legte, um nicht wie in einer Hängematte hin- und herzupendeln. Neben mir schnarchte ein Mensch entsetzlich; uns trennte lediglich eine Pappwand. Meine Hüfte schmerzte, weil sie praktisch direkt auf dem verschmierten Steinboden lag, mein Herz pochte und meine Füße waren zappelig. Keine Chance auf Schlaf.

Ich war zu stolz, um zu heulen. Ich hatte das Gefühl, einen schrecklichen Fehler gemacht zu haben. Hier gehörte ich nicht hin. Was suchte ich hier? Doch wohl nicht die Erleuchtung! Würde es den Bettlern mit ihren Verstümmelungen oder den Krüppeln und ihren verfaulten Gliedmaßen helfen, wenn ich erleuchtet wäre? Oder den halb verhungerten Kindern?

Am nächsten Morgen machte ich mich auf die Suche nach einem besseren Hotel. Es war klar, dass ich am falschen Ort gespart hatte – vierhundert Rupien (damals umgerechnet sechs Euro) waren selbst für indische Verhältnisse wenig. In meinem Reiseführer fand ich ein Hotel für zwanzig Euro. Hier hatte ich ein riesiges Zimmer, ein eigenes Bad und wunderbare Ruhe. Ich hatte meine erste indische Lektion gelernt – spare nicht beim Hotelpreis!

Ich wanderte stundenlang durch Mumbai. Vorbei an Bettlern und Krüppeln, an Familien, die auf Pappkartons neben Mercedes-Limousinen lebten. Ich ließ mich von ein paar Kindern in einen Kiosk führen, um ihnen Dosenmilch zu kaufen. Der Kioskbesitzer sagte mir, dass ihnen Geld sofort abgenommen werden würde – Dosenmilch war also eine gute Wahl. Ich sah, wie ein Mann zwischen einem Bus und einem Pkw eingeklemmt wurde und vor Schmerz entsetzlich schrie, fast quiekte wie ein Schwein. Ein Tourist trat nach einem Hund, zwei indische Frauen in bunten Saris gingen Hand in Hand über eine viel befahrene Straße, ohne nach links oder rechts zu schauen. Sie wussten, dass sie gesehen wurden. Ein Kind stand auf einem riesigen Berg aus Müll und Schrott und schrie alles Elend dieser Welt in den Himmel. Ein Mann ohne Unterleib wusch sich am Straßenrand. Er kämmte sein Haar, rasierte sich in einer spiegelnden Scherbe und sah für eine Sekunde aus wie ein Hollywoodstar. Autos rasten wenige Zentimeter an seinem Kopf vorbei. Niemand kümmerte sich um niemanden. Und doch fand dies alles in einer einzigen Welt statt. In der indischen Welt. Ich wusste, was mich in dieses Land gezogen hatte. Ich wollte Teil dieser Welt sein. Ich wollte sie verstehen, in ihr leben und vielleicht ein bisschen Erleuchtung abbekommen. Denn für mich waren diese Menschen alle erleuchtet. Jeder auf seine Weise.

In diesem Land des Karmas und der Reinkarnation glaubten die Menschen daran, immer wieder erneut wiedergeboren zu werden. Behinderungen werden als die Buße für Sünden aus einem früheren Leben gesehen und der Umgang damit ist als Aufgabe zu erleben. Als wäre das Leben für einen Gesunden nicht schon hart genug. Was für grauenhafte Theorien; aber am schlimmsten an ihnen war, dass sie keine Lösung für das Leid in diesem oder in irgendeinem anderen Land boten.

Drei Monate reiste ich durch den Subkontinent. Ich meditierte auf dem höchsten Kricketplatz der Welt in Himachal Pradesh, übte mich in Achtsamkeit auf dem schwimmenden Postoffice in Srinagar, erlebte als einer von 75 Millionen Pilgern die Kumbh Mela, beobachtete die Massage eines Elefanten in einem Spa für Dickhäuter in Kerala, fütterte Bettelmönche in Maharashtra und besuchte den Ort, an dem Buddha seine Erleuchtung erhalten hatte.

Ich habe diesen Planeten nie wieder so vollkommen erlebt wie auf meiner ersten Indienreise. Nie zuvor war ich so bewusst gewesen, so rein und nach buddhistischen Maßstäben edel.

Das geht nur in Indien. Ich habe gebucht, gepackt und bin losgereist. Ohne Ziel. Nur so kommen wir an.

Leben wie Buddha

»Triffst du Buddha, töte ihn.«
Gautama Siddhartha, Buddha

Buddhismus übt auf unsere westliche Welt eine große Faszination aus. Und das, obwohl Buddha sagte: »Werde kein Buddhist, werde Buddha.« Im Buddhismus liegt der Weg zu einem friedlichen Geist nicht in der Studie der Lehren Buddhas, sondern in der Praxis der Meditation und Achtsamkeit.

Nach buddhistischer Ansicht bedeutet Leben zu leiden. Dabei geht es in Buddhas Lehre gar nicht um das Leiden an sich, sondern um die Befreiung daraus. Diese Befreiung ist jedem zugänglich. Jeder kann Buddha werden, sagte Buddha. »Buddha« bedeutet nichts anderes als »befreit«. Dies scheint aber nicht so einfach zu sein, denn ich habe viele Buddhisten kennengelernt und noch keinen Buddha.

Während es in der katholische Kirche darum geht, uns Angst vor Gott zu machen, lehrt der Buddhismus Achtsamkeit, Moral und Weisheit. Da die Buddhisten keinen Gott kennen, ist auch noch nie ein Krieg vom Namen ihres Gottes ausgegangen.

Vielleicht hat mich diese Lehre auch deshalb so fasziniert. Ich benötigte allerdings zehn Indien-Reisen, bis ich endlich jemanden fand, der mir Buddhismus rein praktisch beibringen konnte. Erst als ich nicht mehr hoffte, je einen *echten* Buddhisten näher kennenzulernen, ist er mir erschienen.

Ich begann meinen jährlichen Winter in Indien 2010 am südlichsten Strand Goas, in Palolem. Ich machte einen Spaziergang während des Sonnenuntergangs. Nördlich von Palolem liegt eine kleine Insel, die man bei Ebbe zu Fuß erreichen kann. Ich ging durch eine Furt und kam zu einem kleinen versteckten Strand. Ich hatte das Gefühl, eine völlig neue Welt zu betreten. Hier waren keine Touristen, keine Hunde, keine Hütten, keine Lichterketten. Nur Stille und ein paar Felsen, Kokosnüsse und Palmwedel. Der Ort kam mir fast mystisch vor. Plötzlich tauchte in einer engen Felsspalte ein Mann auf. Er trug nur einen Lendenschurz und schien direkt aus dem dichten Dschungel hinter dem Strand zu kommen. Dieser seltsame Vogel war mindestens sechzig Jahre alt, nahm keine Notiz von mir, machte ein paar Dehnübungen und ging ins Meer.

Ich setzte mich in den Sand und sah dem Mann beim Schwimmen zu, bis er verschwunden war. Nach einer Stunde – es war jetzt fast schon dunkel – tauchte er auf der anderen Seite der Insel wieder auf. Er stieg aus dem Wasser, schüttelte sich wie ein Hund und ging direkt auf mich zu.

»Danke, dass du auf meinen Strand aufgepasst hast«, sagte er auf Englisch mit holländischem Akzent. »Ich bin Horf und habe dich ein bisschen früher erwartet.« Hatte er mich auf der anderen Seite der Furt beobachtet? Ich war verwirrt.

»Ich heiße Timm«, sagte ich und schüttelte seine nasse, riesige Hand. »Ich kann mir nicht vorstellen, dass du auf mich gewartet hast.«

Er lachte. »Komm, ich zeige dir mein Zuhause.«

Wir zwängten uns durch die Felsspalte, der er vor einer guten Stunde entschlüpft war. Nach einem kleinen Anstieg durch den Dschungel öffnete sich ein Plateau, das mit Sand bedeckt war. Dort stand eine bushaltestellegroße Hütte aus Bambus und Planen. Darin lagen eine Matratze, ein paar Bücher, Kochgeschirr und wenige Kleidungsstücke.

»Ich gebe Kurse im Buddhasein.« Horfs Haut war gegerbt wie Kalbsleder, seine Muskeln wohldefiniert.

Auf seinen Unterarm setzte sich eine Mücke.

»Ist es nicht faszinierend, dass diese Mücke genau weiß, wo ich Akupunktur benötige?«

Als die Mücke volltrunken abgeschwirrt war, erzählte Horf, dass er Jahre in einem Kloster in Burma in Zeitlupe verbracht und die Lehre des Buddha zu seiner zweiten Natur gemacht hätte.

»Wenn du willst, bringe ich dir die Buddha-Natur bei. Du schweigst für vier Wochen, bewegst dich in extremer Zeitlupe, erledigst dein Geschäft im Meer und schläfst auf dem Dschungelboden. Spinnen, Schlangen und ähnliches Getier werden dich dabei unterstützen.« Ich schluckte, sagte aber nichts. »Danach wirst du eine Ahnung davon haben, was Erleuchtung bedeutet und was der Buddha meinte, als er sagte: ›Wir sind, was wir suchen.‹«

»Was kostet der Kurs?«

»Dein altes Leben«, sagte Horf.

Ich gab ihm 28.000 Rupien, für jeden Tag tausend, umgerechnet insgesamt vierhundert Euro. Davon konnte man in Indien wie ein König leben. Horf nahm das Geld dankbar an und zeigte mir sein Versteck für Wertsachen in einer Astgabel weiter oben im Dschungel.

Den ersten Tag verbrachte ich damit, fünfzig Liter Wasser heranzuschleppen und mir ein Bett im Dschungel neben der Felsspalte zu bauen. Das Bett bestand aus Blättern, Sand und Tüchern, über die ich ein Moskitonetz spannte. Abends machten wir Feuer aus Kokosschalen, schnippelten Gemüse und Horf kochte einen Eintopf in einem einfachen Aluminiumtopf. Wir aßen unter den Sternen und schwiegen.

Die halbe Nacht lag ich wach. Um mich herum krabbelte alles, aus dem Dschungel kamen unheimliche Geräusche und jeder vorbeihuschende Schatten erschreckte mich.

Ich muss doch irgendwann eingeschlafen sein, denn um fünf Uhr weckte mich Horf. Wir gingen schwimmen und machten anschließend zwei Stunden Yoga am Strand. Draußen im Meer kopierten Delfine unsere Übungen. Ich war im Buddha-Land gelandet, musste mich nur dran gewöhnen.

»Suche dir jetzt einen Platz, an dem du in Ruhe meditieren kannst«, forderte Horf mich auf. »Bewege dich dabei nicht. Achte nur auf deinen Atem. Ich rufe dich, wenn das Frühstück fertig ist.«

Ich setzte mich unter mein Moskitonetz. Innerhalb kürzester Zeit verbrannte die Sonne mich wie einen Sünder in der Hölle. Doch wollte ich ein guter Schüler sein und briet über zwei Stunden vor mich hin. Meine Knie schmerzten, meine Oberschenkel zogen und meine Beine zitterten wie Palmwedel im Monsun. Von Konzentration war ich weiter entfernt als das ländliche Indien von der Moderne. Ich hatte nichts, woran ich mich hätte halten können. Horf hatte mir praktisch keine Anweisungen gegeben. Auf den Atem zu achten, funktionierte ungefähr drei Sekunden lang. Vielleicht wusste er nicht, dass ich vom Meditieren so viel Ahnung hatte wie ein Holländer von WM-Titeln.

Als mich Horf zum Essen rief, war mir schlecht. Ich trank etwas Wasser und setzte mich neben die Feuerstelle in den Schatten.

»Du wirst von nun an 14 Stunden am Tag meditieren«, sagte Horf. Das musste ein Witz sein. Kein Mensch kann 14 Stunden am Tag still sitzen. Doch er verzog keine Miene.

Horf hatte Porridge gekocht. Meine Übelkeit war inzwischen verflogen. Als ich die ersten Bissen herunterschlang, fing er an zu lachen. »Hast du's eilig?«

»Oh«, sagte ich und bemühte mich, langsamer zu essen.

»Du wirst ab jetzt alles in Zeitlupe machen. Versuch mal, so zu essen.« Die nächsten drei Minuten verbrachte er damit, den Löffel vom Teller in seinen Mund zu führen. Und zwar genau ein Mal. Er kaute den Bissen mindestens hundertmal und schluckte ihn fünf Minuten später herunter. In meinem Blick muss die deutliche Frage gestanden haben, ob er mich verarschen wollte, denn Horf erklärte: »Die Zeitlupe soll dazu dienen, alle Automatismen in uns zu töten und all unsere Handlungen ganz bewusst wahrzunehmen. Frage dich bei jeder Bewegung: ›Was ist die ursprüngliche Intention meiner Handlung?‹ Und dann meditiere über die Antwort.«

Ich versuchte, in Zeitlupe zu essen. Bevor mein Löffel meinen Mund erreicht hatte, war die Hälfte des Porridge in meinem Schoß gelandet. Nur dank der Aufmunterung Horfs versuchte ich es weiter. Fast eine Stunde saß ich an meinem Teller Porridge. Als ich fertig war, taten mir wieder alle Knochen weh. Horfs Teller dagegen war immer noch halb voll. Ich schloss die Augen und versuchte zu meditieren. Zwischendurch linste ich auf die nicht schwinden wollende Porridge-Menge auf Horfs Teller. Wo war ich hier bloß gelandet?

»Nimm jetzt das Geschirr und spüle es im Meer. Benutz die Haare von Kokosnüssen als Schwamm.«

Ich sprang auf und suchte ein paar alte Kokosnüsse zusammen.

»Zeitlupe!«, sagte Horf im Befehlston.

Ich kroch durch die Felsspalte und sah, dass das Meer fast zweihundert Meter entfernt war. Es herrschte Ebbe. In Zeitlupe ging ich zu dem nächstgelegenen Bassin aus nicht abgeflossenem Meerwasser und wusch das Geschirr. Der Topf war kohlschwarz an der Unterseite. Es war unmöglich, die Rußreste mit diesem jämmerlichen Kokosschwamm zu entfernen. In Zeitlupe erst recht nicht.

Nach einer halben Stunde gab ich auf und ging langsam zurück zu Horfs Plateau. Doch er war verschwunden. Ich nutzte die Chance und bewegte mich in normalem Tempo, schaute mir seine Bücher an, machte mein Bett und zupfte mein Moskitonetz zurecht. Nach fünf Minuten wusste ich absolut nichts mehr mit mir anzufangen. Ich suchte einen

Platz unter einem Baum und versuchte zu meditieren. Aber mir war einfach schrecklich langweilig und ich scheiterte immer wieder.

Nach einer gefühlten Ewigkeit kam Horf zurück. Er hatte frisches Gemüse und ein paar Tüten unter dem Arm.

»Hey, du sollst meditieren«, sagte er, als er mich sah. In meinem flehenden Blick musste er meine Pein erkannt haben. »Ich werde dir heute Abend erklären, worum es hier geht. Bis dahin …« Er unterbrach sich, als er das Geschirr und den Kochtopf sah. »Ist das dein Ernst? Nennst du das sauber?« Er zeigte auf den schwarzen Boden des Topfs. »Bitte bemühe dich, die Dinge so auszuführen, wie ich es dir sage. Ansonsten brauchen wir hier eine Putzfrau.« Er drückte mir den Topf in die Hand und zeigte Richtung Meer.

Zum Glück war jetzt Flut, sodass ich nicht wieder so weit in Zeitlupe gehen musste wie vorher. Wieder schrubbte ich den Topf mit einem Kokosschwamm. Dieses Mal ließ ich mir Zeit. Mittlerweile war ich froh, einfach nur eine Aufgabe zu haben. Nach einer guten Stunde glänzte der Topf, als hätte ihn die See ausgespuckt.

Horf nickte zufrieden. Nach dem Abendessen saßen wir wieder unter dem Sternenhimmel. Er fragte mich, wie mein erster Tag gewesen wäre, und ich gestand ihm, dass er schrecklich und lang war. Das schien ihn nicht zu überraschen.

»Niemand ist gewohnt, sich nur auf den Atem zu konzentrieren. Wir lassen uns normalerweise von unseren Gedanken lenken. Tritt eine Unreinheit der Gedanken auf wie Hass, Angst oder Leidenschaft, beginnt unser persönliches Elend.

Du bist hier, um inneren Frieden und Harmonie zu finden. Richtig?«

Ich war kurz abgedriftet und bejahte überhastet.

»Auch um deine Konzentration zu stärken. Habe ich recht?«

Ich nickte ertappt.

»Be happy«, sagte er und zeigte in die Richtung meines Schlafplatzes.

Der zweite Tag verlief nicht anders als der erste. Mein Geist war aufgeregt, unruhig und unbändig wie ein Stier. Vermutlich war das im Leben außerhalb dieses schrecklichen Buddha-Camps nicht anders. Nur dort fiel es nicht auf.

Ich fragte Horf um Rat: »Wie hat Buddha es geschafft, diesen verrückten Geist zu zügeln?«

Horf schaute lange aufs Meer hinaus. »Enthalte dich aller schlechten und unheilsamen Handlungen. Widme dich nur guten, heilsamen Handlungen und reinige deinen Geist. Dies ist die Lehre des Buddha.«

»Wann beginnt heilsam und wo hört unheilsam auf?«, fragte ich.

»Jede Handlung, die anderen Schaden zufügt, ihren Frieden und ihre Harmonie stört, ist unheilsam. Jede Handlung, die anderen hilft und zu Frieden und Harmonie in ihrem Leben führt, ist heilsam. Hilfst du anderen, hilfst du dir selbst. Schadest du anderen, schadest du dir selbst. Das ist ein universelles Gesetz.«

»Wie kam Buddha darauf?«

»Dann muss ich dir wohl die Geschichte Buddhas erzählen«, sagte Horf und setzte sich in den vollen Lotossitz.

»Buddha wurde unter dem Namen Gautama Siddhartha als Prinz in einem luxuriösen Palast geboren. Bei seiner Geburt wurde vorausgesagt, dass er entweder ein großer oder ein spiritueller Meister werden würde. Gautamas Vater wollte den Jungen zu einem König erziehen. Er hielt alles Leid und Elend, alle Kranken und Armen, alle Hässlichen und Alten vom Palast fern. Gautama sollte glauben, dass nur Reichtum, Macht, Glück und Erfolg existierten. Der Prinz bekam ausschließlich junge, hübsche Menschen zu sehen. Er trieb Sport, lernte verschiedene Musikinstrumente und besuchte luxuriöse Feste, die der Vater für ihn veranstaltete. Schön, oder?«, fragte mich Horf.

»Bisschen einseitig vielleicht.«

»Genau. Und deshalb bat Prinz Gautama eines Tages um Erlaubnis, die Welt außerhalb der Schlossmauern besuchen zu dürfen. Der Vater stimmte zu, aber er ließ alle Armen, Kranken und Alten vorher aus der Stadt entfernen. Doch der Einflussbereich des Königs war begrenzt. Gautama wanderte darüber hinaus und traf schließlich all das Elend, das ihm bisher vorenthalten wurde. Unter anderem auch auf einen indischen Bettelmönch. Gautama fragte seinen Kutscher, wer der bettelnde Mensch dort sei. Der Kutscher entgegnete, dass dies ein Mann sei, der dem materiellen Leben entsagt hätte, um durch Disziplin und Askese der Wirklichkeit näherzukommen.

Gautama fragte, ob es eine Wirklichkeit gäbe, die wirklicher ist als das, was er mit seinen fünf Sinnen erkennen könnte. Der Kutscher nickte. Gautama fragte, ob der Kutscher diese Wirklichkeit selbst kennen würde. Der Kutscher schüttelte den Kopf. ›Ich weiß nur, dass hinter all dem Leid eine Gerechtigkeit herrschen muss, dass alles nur Illusion sein kann. Sonst gäbe es keinen Gott.‹

Zurück im Palast dachte Gautama über das Gesehene nach. Er erkannte, dass das Leiden zum Leben gehört. Er betrachtete sein Leben als Prinz und sah, dass Glück, Ekstase und Freude ebenfalls Leiden beinhalten, da sie vergänglich sind. Der Kern des Lebens ist das Leiden durch Vergänglichkeit. Gautama Siddhartha schloss daraus, dass es einen Weg aus dem Leiden geben musste, und machte sich auf die Suche nach der Befreiung. Somit wurde er zum Buddha.«

Die nächste Nacht schlief ich durch. Ich hatte mich an das Gekreuche gewöhnt und vertraute darauf, dass mich die Natur in Ruhe lassen würde. Horf lebte schließlich seit Jahren im Dschungel. Er besaß nicht einmal ein Moskitonetz. Aber er war ja auch ein Fan von Akupunktur.

Nach dem Frühstück ordnete Horf an, dass ich für mindestens zwei Stunden am Stück still zu sitzen hatte.

»Du wirst wissen, wann die Zeit um ist.«

Von Meditation konnte keine Rede sein. Ich benahm mich wie ein Springbock und zappelte ständig hin und her. Von Weitem muss ich ausgesehen haben wie ein Bodenturner.

»Du hast das Schlimmste hinter dir«, sagte Horf bei seinem allabendlichen Vortrag. »Du hast nun erfahren, dass alles vergeht.«

Ich fragte mich, ob ich mich für diese banale Einsicht so gequält hatte.

»Der Buddhismus wäre eine schlechte Weltanschauung, wenn er nicht über diese erste Wahrheit hinausgehen würde, stimmt's?«, las Horf meine Gedanken.

Ich nickte.

»Ich möchte dir nun vom edlen achtfaltigen Pfad erzählen. Das ist ein Grundkonzept des Buddhismus. Jeder, der diesen Pfad beschreitet, ist dazu bestimmt, ein edelmütiger, selbstloser und heiliger Mensch zu werden.«

Meiner wäre nicht acht-, sondern tausendfaltig, dachte ich.

»Der Pfad ist in drei Abschnitte unterteilt: Tugendhaftigkeit, heilsame Übungen und Weisheit. Tugendhaftigkeit beinhaltet rechte Rede, rechtes Tun und den rechten Lebenserwerb.

Heilsame Übungen beinhalten rechtes Streben, rechte Aufmerksamkeit und rechte Konzentration.

Weisheit erlangst du durch rechte Gedanken und rechtes Verstehen.« Ich nickte und versuchte, die acht Punkte zu wiederholen.

Horf drückte mir ein kleines Buch in die Hand. Auf dem Umschlag war eine »8« zu sehen. Ich schaute ins Inhaltsverzeichnis:

1. edle Rede, 2. rechtes Tun, 3. reiner Lebenserwerb, 4. rechte Übung, 5. volle Aufmerksamkeit, 6. noble Konzentration, 7. edle Gedanken und 8. rechtes Verstehen.

Die nächsten Tage vergingen im wahrsten Sinne wie in Zeitlupe. Ich spürte einen kaum zu überwindenden Widerstand gegen die Meditation, konnte mich keine zehn Sekunden auf meinen Körper konzentrieren und fand Horfs abendliche Reden schwer verständlich und ebenso schwer anwendbar. Meine Gelenke schmerzten, ich jammerte und weinte. Horf hatte mir geraten, das Leiden zu akzeptieren und nach seiner Ursache zu suchen. Doch wie sollte ich etwas akzeptieren, das für mich absolut nicht akzeptabel war?

So vergingen zwei Wochen, ohne dass ich groß weiterkam. Die Leiden wurden zwar ein bisschen schwächer; mit der Ursache hatte das allerdings weniger zu tun. Ich hatte mich höchstens daran gewöhnt, stundenlang still zu sitzen.

»Es gibt fünf Feinde, die uns das Leben schwer machen«, war Horfs nächste Lektion. »Begehren, Trägheit, Aversion, Unruhe und Zweifel. Sie werden dir in allem begegnen, was du zu erreichen versuchst – sei es ein Kunstwerk, eine Meditation oder eine andere Art von Leistung. Kenne deine Feinde und schlage sie mit deinen fünf Freunden.«

Ich zog erwartungsvoll meine Augenbrauen hoch.

»Deine fünf Freunde sind Vertrauen, Bemühung, Aufmerksamkeit, Konzentration und Weisheit. Diese fünf stehen deinen Feinden gegenüber. Halte sie stark und du wirst perfekt die Kunst zu leben meistern.«

Ich hatte meine vorletzte Woche beendet, als Horf mich zum ersten Mal ernsthaft lobte. »Du machst einen wirklich guten Job. Du bist einer der gelehrigsten Schüler, die ich je hatte. Bitte verrate mir noch einmal deinen Namen.«

Er kannte meinen Namen nicht? Ich konnte es nicht fassen. Seit einer Ewigkeit saßen wir hier zusammen, schwelgten in den Weisheiten Buddhas, kochten und aßen zusammen und dieser Vogel wusste meinen Namen nicht?

Ich schwieg beleidigt. Außerdem schien mein Name wirklich nicht von sonderlichem Interesse zu sein. Wozu wollte er ihn denn jetzt überhaupt noch wissen?

»Ich wollte mal testen, wo du stehst. Du hast dich drei Wochen im Beobachten deines Körpers geübt, Achtsamkeit und Gleichmut kultiviert. Und meine Frage nach deinem Namen bringt dich aus dem Gleichgewicht. Wende die Lehre an. Ansonsten brauchen wir uns hier nicht weiter zu bemühen.«

Ich fühlte mich vorgeführt. Gleichzeitig beschämt und wütend. Doch das war schon die nächste Situation, auf die ich jetzt gleichmütig reagieren musste. Aber wie? Die Gefühle waren doch da! Wie kann man da ruhig bleiben?

»Beobachte deine Gefühle. Wo sitzen deine Feinde? Wo sitzen deine Freunde? Dies gibt dir einen Puffer zwischen Gefühl und Ausdruck des Gefühls nach außen. Übe dich in der Kunst des Beobachtens. Dies haben wir nun so lange geübt. Du müsstest ein Meister sein.«

Wieder stiegen Gefühle in mir hoch. Ich konnte sie eindeutig als Wut benennen. Wo saß sie? In der Brust. Welcher Feind beschoss meinen Palast? Aversion – das dringende Bedürfnis, dieses Gefühl loszuwerden. Welcher Freund könnte mir aus der Situation helfen? Aufmerksamkeit. Ich konzentrierte mich auf den Punkt, in dem die Wut saß. Doch sie war schon verflogen. Sie hatte keine Substanz. Ich musste Horf perplex angeschaut haben.

»Doch – so einfach ist das. So einfach. Genau so können wir ein Leben in Frieden, Gleichmut und zum Wohle aller leben. So einfach. Sei aufmerksam und vertraue den fünf

Freunden. Sie schlagen die Feinde immer. Sonst gäbe es uns Menschen nicht mehr.«

An meinem letzten Tag ging ich wie jeden Morgen in Zeitlupe hinaus ins Meer und verrichtete das, was verklemmte Menschen Notdurft nennen. Ich hatte ein paar Tage gebraucht, um mich hieran zu gewöhnen. Doch mittlerweile fand ich diese Methode äußerst angenehm und hygienisch. Klopapier war sowieso nicht gut für die Umwelt.

Als ich zurück am Strand war, sagte mir Horf, dass ich nun wieder sprechen dürfte. Allerdings hatte ich überhaupt kein Bedürfnis, mich verbal auszutauschen. Worüber auch? Ich hatte in dem Moment keine Fragen und spürte eine solche Verbindung zum Leben, dass ich vor Glück lieber schweigen wollte. Horf nahm mich in den Arm.

»Morgen Früh hast du die erste Stufe der Buddhaschaft erreicht. Du warst ein guter und gelehriger Schüler. Du hattest Einsichten, die nur wenige Menschen im Westen je auf der körperlichen Ebene erfahren werden. Um die Energie der Klarheit und des Gleichmuts nicht zu verlieren, solltest du von nun an jeden Morgen und jeden Abend für eine Stunde meditieren.«

Ich wusste, dass Horf recht hatte. Aber zwei Stunden Meditation pro Tag? Das wäre in meinem westlichen Leben vollkommen ausgeschlossen gewesen. Woher wollte ich die Zeit nehmen?

Ich blieb noch eine Woche bei Horf. Meist schwiegen wir. Manchmal gingen wir zusammen durch die Furt oder wir kletterten über die Affeninsel direkt vor unserer Bucht. Schon morgens begegneten uns dort kiffende Israelis und saufende Engländer. Sie machten sich ausgiebig über Horf und seinen Lendenschurz lustig. Horf lächelte. »Sie wissen es nicht besser. Eines Tages werden sie es wissen. Sie wollen auch nur gemocht werden.«

Bei ihm wirkte das Leben des achtfaltigen Pfads in jeder Situation. Er blieb gleichmütig und gelassen. Ich hingegen war immer noch schnell aus dem Gleichgewicht zu bringen und hätte ohne ihn sofort meinen Gefühlen Ausdruck verliehen. Einmal fragte ich ihn, ob er erleuchtet wäre. »Ja«, hatte er schlicht geantwortet. Aber das würde auch nichts ändern. Er habe die erste von vier Stufen erreicht. Und diese Typen der ersten Stufe wären genau solche Arschlöcher wie alle anderen Menschen auch.

»Was käme denn in der zweiten Stufe?«

»In der zweiten Stufe könnte ich dir beibringen, übers Wasser zu gehen. Das wäre natürlich grandios und du würdest viele Bewunderer anziehen. Es würde aber weder dir noch der Welt etwas bringen. Mir übrigens auch nicht.«

»Du sagst, du könntest es mir dann beibringen. Kannst du selbst denn übers Wasser gehen?«

Horf lachte und meinte, dass diese Information mir auch nichts bringen würde. Sie würde höchstens mein spirituelles Ego füttern.

Ich wusste, dass er recht hatte.

Horf wurde 2012 von seinem einsamen Strand verjagt. Eine Hotelkette hat seine Felsspalte planiert und eine

Wellness-Oase gebaut. Von der paradiesischen Atmosphäre der ehemaligen Buddha-Stätte ist nichts übriggeblieben.

Horf trägt im wahren Leben einen anderen Namen. Er gibt weiterhin Kurse im Buddhasein und in Yoga. Doch ohne sein Plateau hinter der Felsspalte sind die Exklusivität und Exotik seiner Kurse verloren gegangen.

Spiritualität in Deutschland

»Ich bin nicht schuld an mir.«
Wes Nisker, Schriftsteller

Deutschland tut sich schwer mit Spiritualität. Wir funktionieren besser im Logistik- und Ingenieurswesen. Aber eigentlich müsste es gerade bei einem extrem durchorganisierten Volk auch eine extrem spirituelle Gegenbewegung geben.

Ich machte 2011 eine Reise durch Deutschland und besuchte Menschen, die ich auf spirituellen Seminaren und Workshops kennengelernt hatte. Ich wollte sehen, wie ihr spirituelles Leben in der Praxis aussah.

Das Erste, was mir auffiel, war, dass jeder spirituelle Mensch auf meiner Route einen kleinen Schrein besaß; eine kleine Ecke mit Buddhastatuen, Räucherstäbchen, bunten Tüchern, Edelsteinen und anderen Gegenständen. Außerdem hatte jeder sein eigenes Ritual, um den Tag zu beginnen:

Bei einer Münchnerin zog ich jeden Morgen Tarotkarten. Sie sollten mir ein Wegweiser für den Tag sein.

In Augsburg machte ich morgens Sungazing: Sobald die Sonne aufgegangen war, blickte ich direkt in den gelben Ball, um die Energie in mich aufzunehmen. Da ich um meine Netzhaut fürchtete, blinzelte ich so stark, dass meine Wimpern die Strahlen der Sonne brachen. Vielleicht wirkte das Sungazing deshalb nicht so vitalisierend auf mich wie erwartet.

Am Bodensee trank ich Erleuchtungstee zum Frühstück und hörte dem Om der Welt auf einer CD zu. Eine Stunde lang ertönte derselbe Ton. Er sollte uns mit unserer Göttlichkeit vereinen.

In Ulm machte ich einen morgendlichen Waldspaziergang mit einer Seminarleiterin. Von ihr erwartete ich eine tiefere Spiritualität als von den anderen.

»Stell dir vor, du befindest dich auf einem fremden Planeten«, sagte sie. »Mal dir aus, du dürfest dir diese fremde Welt für eine begrenzte Zeit anschauen und genießen.«

Plötzlich war das Grün viel grüner, die Bäume üppiger und die Vögel zwitscherten in einer geheimnisvollen, fremden Sprache. Die Wolken zogen in seltsamen Formationen über den Himmel. Die Sonnenstrahlen durchdrangen jedes Blatt und jeden Baum. Ich kam mir vor, als wäre ich im Paradies gelandet.

Als Nächstes ging ich zu einem dreitägigen Seminar in Wunsiedel. Thilo, der fünfzigjährige Seminarleiter, erklärte uns zwölf Teilnehmern, wie wir der Natur unseres Schmerzkörpers auf die Schliche kämen.

»Wir alle haben im Laufe unseres Lebens Emotionen angesammelt«, begann Thilo das Seminar. »Diese Emotionen bleiben als Erinnerung in unserem Körper stecken und lösen sich nie ganz auf. Wir nennen dies den Schmerzkörper. Da wir nie gelernt haben, mit negativen Emotionen umzugehen, verdrängen oder unterdrücken wir sie. Irgendwann brechen diese unterdrückten Gefühle aus. Entweder als Wutausbruch oder unbegründete Angst. Manchmal auch als physische Krankheit.«

Mit einem Mal prügelte Thilo immer wieder mit der Faust auf sein Kissen ein. Als sich sein Scheitel auflöste und Strähnen an seiner Stirn klebten, forderte er uns auf, es ihm nachzutun.

Als meine rechte Faust anfing zu schmerzen, prügelte ich mit der linken weiter. Als auch diese Hautabreibungen erlitt, drosch ich in Hau-den-Lukas-Manier mit beiden Fäusten auf mein armes Kissen ein. Als wir alle keuchend und teilweise heulend neben unseren Kissen lagen, teilte eine Helferin Wasser und Tee aus. Ich fühlte mich von einer Last befreit, die ich vorher gar nicht gespürt hatte. Ich war angenehm erschöpft, wie nach einem guten Fußballspiel.

»Es gibt in unserem Leben Menschen, auf die wir eine entsetzliche Wut haben«, macht Thilo nach der Pause weiter. Er forderte uns auf, wieder auf unser Kissen einzuprügeln – diesmal aber mit dem Gedanken an eine bestimmte Person.

Neben mir fing ein Typ sofort an, mit ungebändigter Wucht auf sein Kissen einzuschlagen. So viel Gewalt hätte ich diesem ansonsten zurückhaltenden Menschen gar nicht zugetraut. Vor mir schlug eine Frau jetzt noch wilder auf ihr Kissen ein als zuvor. Die meisten kreischten und schrien dabei, als ginge es um Leben und Tod. Woher nahmen sie bloß diese Kraft?

Ich saß bewegungslos vor meinem himmelblauen Meditationskissen und konnte nicht. Ich hatte mich doch bereits ausgetobt. Woher sollte ich jetzt noch mehr Wut nehmen? Noch dazu auf irgendeinen Menschen …

Der Kerl neben mir schrie jetzt, dass seine Stimmbänder zu zerreißen drohten. »Ich hasse dich, du Schwein, du widerwärtiges Stück Scheiße!« Dabei drosch er mit solcher Gewalt auf sein Kissen ein, dass die Nähte platzten und Federn durch den Raum stoben.

Für mich war das zu viel. Ich konnte diese absurde, zur Schau gestellte Gewalt nicht mit anschauen.

Ich ging zu Thilo und sagte: »So 'ne Scheiße mach ich nicht mit.« Dann ging ich.

Wenig später saß ich in meinem Wagen und fragte mich, wo ich jetzt hinsollte. Ich hatte mir versprochen, Deutschland und seine Spiritualität kennenzulernen. Also rief ich eine andere spirituelle Bekannte von mir an. Es war Samstag Früh und sie klang gehetzt.

»Ich bin grad auf dem Sprung ins nächste Seminar. ›Die drei Affen‹ heißt es«, rief sie ins Handy. »Das ist ganz etwas Spannendes. Am Chiemsee. Komm doch mit!«

Nach meinen Erlebnissen mit dem Schmerzkörper war mir die Lust auf Seminare eigentlich vergangen – aber ich hatte mir ja vorgenommen, spirituell zu sein. Ich stimmte also zu. Wie durch ein Wunder hatten sie noch genau einen Platz frei.

Ein Pärchen um die siebzig leitete das Seminar. Sie waren ganz in Weiß gekleidet, wirkten autoritär und sprachen kein Wort zu viel. Vor ihnen standen drei Holzaffen. Einer hielt sich die Augen zu, der nächste den Mund. Der dritte die Ohren.

»›Die drei Affen‹ ist eine Übung, die euer Leben verändern wird«, sagte der Mann. »Sie wird drei Tage lang gehen und hier in diesem Raum stattfinden. Ihr bekommt Matten, die einen Quadratmeter groß sind. Ihr werdet Ohrenstöpsel erhalten und eine Augenbinde. Ihr dürft die Übung nur unterbrechen, wenn ihr auf Klo müsst.«

Meine Matte lag direkt neben der Tür, die Richtung See zeigte. Ich freute mich auf die Naturgeräusche. Dabei vergaß ich, dass Ohrstöpsel ziemlich gut abdichten. In der ersten Stunde saß ich einfach nur still auf meinem Meditationskissen und hörte meinem Herzschlag und dem Rauschen meines Kreislaufs zu. Im Laufe des Vormittags machte ich ein paar Yogaübungen und hielt einen Dialog mit meinem Unterbewusstsein. Nach einer öden Weile stellte mir jemand eine Schüssel Reis und eine Flasche Wasser auf meine Matte und führte meine Hand zur Schüssel. Da meine Hauptsinne mit einer Binde und Stöpseln ausgeschaltet waren, explodierten meine Geschmacksnerven förmlich. Der Reis schmeckte fruchtig, fast süß, nach Sonne, Erde, Luft und Wasser.

Die Seminarleiter hatten uns geraten, unsere Gedanken zu beobachten. Ich stellte fest, dass sich Gedanken nicht beobachten lassen. Immer wenn ich es versuchte, waren sie schon verflogen. Aber ich konnte sehr wohl Erinnerungen beobachten. Meine Kopfwelt expandierte ins Unendliche, während ich auf meiner quadratmetergroßen Insel saß. Ich stritt mit meiner Ex, flog zu einem alten Freund nach Boston, ging auf eine Party in Berlin, hatte Sex mit einer Schweizerin, tauchte in Ägypten mit Triggerfischen und aß Sushi in Düsseldorf. Die Gedanken erschienen unkontrolliert und völlig wahllos. Ich konnte sie nur loswerden, indem ich sie beobachtete oder mich auf meinen Atem konzentrierte. Und so saß ich die halbe Nacht und reiste um die Welt, atmete und beobachtete.

Selbst im Schlaf ging die Reise weiter. Ich wachte auf, weil unser Flugzeug gerade abstürzte. Es roch verbrannt nach Tod, Elend und Hölle. Ich prallte auf meiner Matte auf und roch ein Holzfeuer. Offenbar hatte jemand draußen ein Lagerfeuer entzündet. Konnte es tatsächlich morgen sein? Oder war schon wieder Abend? Oder immer noch?

Eigentlich hatte ich erwartet, dass diese drei Tage unendlich lang und nervtötend sein würden. Doch sie verflogen in einer Geschwindigkeit, als hätte Gott für mich die Überholspur reserviert.

Natürlich war ich froh, als die Affenübung schließlich beendet war. Gleichzeitig hatte ich wie immer im Leben das Gefühl, das Entscheidende verpasst zu haben. Hätte nicht wenigstens irgendetwas Grandioses passieren müssen?

Viele Teilnehmer weinten, wir umarmten uns. Einige hatten frühzeitig aufgegeben und waren abgereist. Das weiß gekleidete Pärchen sagte, wir könnten stolz auf uns sein, dass wir diese Meditation erfolgreich beendet hätten. Ich fühlte mich, als hätte ich ein kleines Stück Spiri-Droge erhalten, um anschließend des Nachschubs beraubt zu werden.

Ich fuhr an den Ammersee im Süden Münchens und mietete ein kleines Holzhäuschen. Mit einem geliehenen Fahrrad klapperte ich Dörfer ab.

Zwei weitere Tage floh ich vor mir selbst. Fuhr mit meinem Wagen durch Bayern, nach Österreich und sogar bis nach Italien. Ich hielt nur zum Tanken. Als meine Flucht vor mir selbst beendet war, setzte ich mich in ein Café am Ammersee, trank einen Latte macchiato und schaute auf das Wasser hinaus.

Obwohl ich noch mehrere Wochen Urlaub vor mir hatte, entschied ich, zurück nach Kiel zu fahren. Ich hatte auf meiner Spiri-Tour durch Deutschland gelernt, dass alles flüchtig ist. Nichts bleibt. Nichts hat Bestand. Liebe, Elend, Glück, Erfolg, Krankheit – alles vergeht.

Spiritualität ist in Deutschland ein Importschlager. Es wird mehrere Generationen dauern, bis sich dieser Importschlager in unsere deutsche Seele eingenistet hat.

Tipps zum Schluss

»Alles, wovor wir die Augen verschließen, alles, wovor wir weglaufen, alles, was wir verleugnen, verunglimpfen oder verachten, wird uns schließlich besiegen. Was unangenehm, schmerzlich oder böse erscheint, kann zu einer Quelle von Schönheit, Freude und Stärke werden, wenn man ihm mit Offenheit begegnet.«
Henry Miller, Schriftsteller

In hundert Jahren werden Menschen in Europa vielleicht sagen: »Was – du meditierst nicht?«

So wie wir heute sagen: »Was – vor hundert Jahren durften Frauen nicht wählen?«

Vielleicht gäbe es eine standardisierte Meditationstechnik, die institutionalisiert und an Schulen gelehrt würde; wie zum Beispiel in Thailand. Doch bis das bei uns passiert, müssen wir in diesem gewaltigen Urwald an spirituellen Möglichkeiten selbst durchblicken. Dies hier soll ein Leitfaden sein, mit dem Sie durch die Welt der Meditation und Spiritualität navigieren können:

Welche Kategorie passt am besten zu Ihnen?

A: Bauch-Typ – Instinktmenschen
»Ich bin stark, ich bin zufrieden, ich bin wachsam.«
Typ A ist generell zielorientiert, gelassen, fürsorglich.

B: Herz-Typ – Gefühlsmenschen
»Ich helfe, ich habe Erfolg, ich bin anders.«
Typ B ist mütterlich, pragmatisch, stilvoll.

C: Kopf-Typ – Geistesmenschen.
»Ich blicke durch, ich tue meine Pflicht, ich bin glücklich.«
Typ C ist tatkräftig, pflichtbewusst, vielseitig.

Wenn Sie nicht sicher sind, welcher Typ am besten zu Ihnen passt, fragen Sie die Menschen in Ihrem Umfeld. Die schätzen uns häufig besser ein als wir selbst. Wenn es Überschneidungen gibt, schauen Sie, welches der fünf Hauptkapitel am besten zu Ihnen passt.

Typ A – Instinktmenschen finden im körperlichen Weg durch physische Übungen wie Yoga oder Fasten den schnellsten Zugang zu ihrer Spiritualität.
Typ B – Gefühlsmenschen stärken ihre Spiritualität am besten durch Singen, Tanzen, Reisen, Gemeinschaften und Entspannungsübungen. Für sie sind der schnelle Weg, der transformative Weg und der natürliche Weg am besten.
Typ C – Geistesmenschen finden sich am besten auf dem mentalen Weg zurecht; also allem, was ihren Geist zügelt: kurze Momente des Nicht-Denkens, Meditationsübungen, Klöster oder Vipassana.

Wenn Sie mehr über Persönlichkeitstypen erfahren möchten, empfehle ich Ihnen *Die Weisheit des Enneagramms* von Riso/

Hudson. Da das Enneagramm ein Universum an sich ist und in vielen Seminaren und Workshops behandelt wird, möchte ich es zumindest erwähnt haben. Eine tiefere Betrachtung würde aber den Rahmen dieses Buchs sprengen.

Hier sind sieben Ratschläge, die Sie auf Ihrem persönlichen spirituellen Prozess unterstützen können:

1. Orientieren Sie sich daran, welches Kapitel Sie spontan besonders angesprochen hat. Das Bauchgefühl ist fast immer richtig.

2. Üben Sie regelmäßig, was Sie auf Seminaren oder aus diesem Buch gelernt haben. Entwickeln Sie eine tägliche Meditations-Routine.

3. Durchschreiten Sie mentale Täler. Wenn Ihr Leben trotz spiritueller Übungsdisziplin holprig und schwierig bleibt, ist dies ein klares Zeichen, dass Sie weiter trainieren müssen. Bis Sie wirklich erkannt haben, dass es im Hier und Jetzt nie ein Problem gibt.

4. Hören Sie sich Vorträge von spirituellen Meistern an, lesen Sie ihre Bücher. Lesen Sie Material aus den Seminaren, die Sie besucht haben. Dadurch halten Sie Ihre Grundkenntnisse frisch und anwendbar.

5. Suchen Sie sich Freunde, mit denen Sie gemeinsam üben und sich austauschen können. Andere Menschen erkennen unsere Probleme oft viel leichter als wir selbst. Sie können uns wichtige Anstöße geben, um mehr Klarheit zu gewinnen.

6. Führen Sie ein Tagebuch. Schreiben Sie darin all Ihre Erkenntnisse auf und notieren Sie Verhaltensänderungen. Am besten schreiben Sie morgens ein paar Ziele auf, die Sie sich für Ihr inneres Wachstum vornehmen. Vergleichen Sie abends, ob Sie Ihre Vorsätze eingehalten haben. Schreiben Sie anschließend, wofür Sie an diesem Tag dankbar sind. Dadurch schlafen Sie immer mit einem Gefühl der Dankbarkeit ein.

7. Freuen Sie sich an Ihren spirituellen Erfolgen, aber ruhen Sie sich nicht darauf aus. Vergleichen Sie Ihre Fortschritte mit Krafttraining: Sobald Sie mit dem Training aufhören, wird Ihr spiritueller Muskel wieder verkümmern.

Selbst wenn Sie sich an diesen Fahrplan halten, wird Ihre spirituelle Entwicklung niemals ohne Umwege, stringent oder geradeaus verlaufen. Sie werden weiterhin Konflikte erleben zwischen dem, was Sie wünschen, und dem, was das Leben Ihnen präsentiert. Das ist menschlich. Lassen Sie sich nicht davon frustrieren.

Bei unserer spirituellen Entwicklung durchlaufen wir drei Phasen:

1. Die Säuglingsphase:
In der ersten Phase lernen wir, dass wir keine hilflosen, kleinen Kinder mehr sind. Unser Unterbewusstsein glaubt bis heute, dass wir nicht für uns selbst sorgen können und unser Wohlbefinden von anderen abhängig ist. Die meisten

Menschen verbringen ihr ganzes Leben unbewusst in dieser Phase. Sie suchen in anderen Menschen nach dem, was sie brauchen – dabei können sie sich nur selbst helfen. Fragen Sie sich also: Ist Ihr Überleben von der Gunst anderer Menschen abhängig?

In der Säuglingsphase nutzen wir Strategien, Einstellungen und Ängste, um andere dazu zu bringen, uns zu mögen und für uns zu sorgen. Die meisten Menschen machen sich nicht klar, dass sie dadurch ihre Laune, ihr Wohlbefinden und ihre Gemütslage vollständig von außen abhängig machen.

2. Die Erwachsenenphase:

In der zweiten Phase entdecken wir unsere Unabhängigkeit und sorgen für uns selbst. Wir erkennen, dass wir erwachsene Menschen sind, die nicht von anderen Menschen abhängig sind.

Als Erwachsene übernehmen wir volle Verantwortung für unser Leben. Wir geben niemandem mehr die Schuld. Wir kommen aus der Opferrolle heraus.

Es bedeutet auch, dass wir unsere Berufung finden und dazu beitragen, dass die Welt ein besserer Ort wird.

3. Die göttliche Phase:

In der dritten Phase erkennen wir, dass alles dem Universum unterliegt. Wir erkennen immer tiefer, dass wir letztendlich für gar nichts sorgen *müssen*. Wir sehen klar, dass wir als Menschen selbst nichts in der Hand haben und dass das Universum für alle Dinge sorgt. Es lässt Äpfel wachsen, sorgt für Luft, hält unseren Kreislauf in Gang. Es sorgt für das Leben und für den Tod.

Wir selbst haben den Lauf der Dinge nicht in der Hand. Wir können höchstens reagieren. Und selbst diese Reaktion wird von Kräften beeinflusst, die jenseits unseres menschlichen Bewusstseins liegen.

Selbst geübte Meditierende fallen immer wieder in Phase eins und zwei zurück. Doch es gibt keinen Grund, sich dafür zu kasteien oder schlecht zu fühlen. Denn alle Phasen sind Teil des Lebens. Wenn wir dies im Laufe unserer persönlichen Entwicklung immer tiefer erkennen, hört selbst die Angst vor dem Tod auf. Denn auch der Tod ist Teil des Universums.

Zum Schluss möchte ich Ihnen vier typische Spiri-Krankheiten auflisten, die Ihnen im Laufe Ihrer Entwicklung begegnen werden:

1. Hauruck-Spiritualität: Hüten Sie sich vor Seminaren, die Ihnen Erleuchtung an einem Wochenende versprechen. Achten Sie unbedingt auch darauf, sich selbst nicht zu sehr zu loben, nur weil Sie ein paar elementare Dinge verstanden haben. Klarheit erlangen wir nicht durch Höchstgeschwindigkeit, sondern durch Zeit und Tiefgang. Fast-Food-Meditation funktioniert nicht.

2. Pseudo-Spiritualität: Passen Sie auf, Spiritualität nicht mit einer Fashion-Bewegung zu verwechseln. Vermeiden Sie, im Jargon zu sprechen, Ihre Kleidung der gängigen Eso-Garderobe anzupassen oder Ihr Verhalten den Klischees dieser Branche nach zu richten. Spiritualität passt in keine Schublade. Sie soll uns zu Authentizität führen – nicht zu Imitation.

3. Elite-Spiritualität: Sollten Sie irgendwann Ihren persönlichen Weg gefunden haben und einer bestimmten Gruppe oder Technik folgen, achten Sie darauf, nicht überheblich zu werden und zu glauben, dies wäre die einzig wahre Gruppe oder Technik der Welt. Dies mag für Sie persönlich stimmen – nicht aber für jeden Menschen auf diesem Globus. Außerdem kann sich auch Ihr eigener Glaube im Laufe der Jahre verändern.

4. Ich-hab's-Spiritualität: Die gefährlichste aller spirituellen Krankheiten besteht darin zu glauben, wir wüssten jetzt alles. Wenn wir meinen, das Ende des Tunnels erreicht zu haben, können wir sicher davon ausgehen, dass der nächste Tunnel nicht mehr weit ist. Erst wenn wir die oberste Sprosse der Leiter erreicht haben, sehen wir, was wir vorher nicht sahen. Oder womöglich auch, dass die Leiter an der falschen Wand steht.

Vielleicht müssen wir aber alle diese vier Krankheiten durchlaufen, um unser seelisches Immunsystem zu stärken.

Unsere persönliche spirituelle Entwicklung wird immer individuell unterschiedlich verlaufen. Wie beim Gitarrespielen. Es ist ein ewiger Prozess und eine lange Entwicklung, bis wir wirklich sicher, geübt und gut sind. Wir dürfen dabei aber nicht vergessen, dass dieser Weg großartig ist und mit Frust *und* Freude verbunden ist. Beides kommt und beides vergeht – und ausgelernt haben wir nie.

Gute Reise.

Dank

Ich danke meinen Eltern und Brüdern, Gabi und Lilly.
CP- und BV-Freunden.
S. N. Goenka.
Jeru, Jutta, Nishkam und Lila.
Gosh, Shantidharma, Osho.
Markus, Jenny, Lilith.
Jeremia.

Mit 38 Jahren trifft Timm Kruse bei einem Festival auf einen indischen
Guru und lauscht gebannt seinen Worten. Die Begegnung verändert etwas
in ihm – von heute auf morgen lässt er seine Familie und sein altes Leben
hinter sich und begibt sich auf die Suche nach Erleuchtung.

Ehe er sich versieht, lebt er im Ashram des Gurus in Indien, geht als sein
Chauffeur mit ihm auf Weltreise durch Kanada, die USA und Europa.
Doch je länger er mit dem Guru unterwegs ist, desto mehr beginnt das
Bild des Erleuchteten zu bröckeln. Ist er am Ende etwa auch nur ein ganz
normaler Mensch?

Authentisch und mit viel Witz erzählt Timm Kruse von seiner spirituellen
Reise und gibt einen faszinierenden Einblick in das Leben eines
waschechten Gurus.

Timm Kruse
ROADTRIP MIT GURU
Wie ich auf der Suche nach Erleuchtung zum Chauffeur eines Gurus wurde

336 Seiten | Klappenbroschur im Paperbackformat | 12,5 x 19 cm
12,95 € (D) / 13,40 € (A)
Auch als E-Book erhältlich
ISBN: 978-3-944296-43-2

Impressum

Timm Kruse
Meditiere ich noch oder schwebe ich schon?
Ein Wegweiser durch die abenteuerliche Welt der Meditation
ISBN 978-3-959100-06-9

Ein Projekt der AVA international GmbH
Autoren- und Verlagsagentur
www. Ava-international.de

Eden Books
Ein Verlag der Edel Germany GmbH
Copyright © 2016 Edel Germany GmbH, Neumühlen 17, 22763 Hamburg
www.edenbooks.de | www.facebook.com/EdenBooksBerlin |
www.edel.com
1. Auflage 2016

Projektkoordination: Svenja Monert
Lektorat: Lilith Pasztor
Umschlagmotiv: © Julia Tim/Shutterstock
Umschlaggestaltung: Rosanna Motz
Layout und Satz: Datagrafix Inc.| www.datagrafix.com
Druck und Bindung: optimal media GmbH, Glienholzweg 7,
17207 Röbel/Müritz

Das FSC®-zertifizierte Papier Holmen Book Cream für dieses Buch
lieferte Holmen Paper, Hallstavik, Schweden.

Dieses Buch ist auch als E-Book erhältlich.

Um die kulturelle Vielfalt zu erhalten, gibt es in Deutschland und in
Österreich die gesetzliche Buchpreisbindung. Für Sie, liebe Leserin und
lieber Leser, bedeutet das, dass Ihr verlagsneues Buch jeweils überall
dasselbe kostet, egal, ob Sie Ihre Bücher gern im Internet, in einer großen
Buchhandlung oder beim kleinen Buchhändler um die Ecke kaufen.